JN123789

第2版

一人で できる

定款作成から
会社設立
登記まで

安達敏男
吉川樹士
安重洋介
吉川康代

著

日本加除出版株式会社

第2版　はしがき

　本書は，平成19年2月に初版が発行され，平成20年7月にその第2刷が出た後，平成30年に電子書籍化されていますが，お陰様で法律実務家のみならず，株式会社の起業を目指す一般市民の皆様からも好評を得ておりました。その間，会社法の改正が行われたり，株式会社の設立登記申請方法が多少なりとも変更されていることから，このたび，第2版を上梓することになりました。

　本書は，初版同様に，中小規模の株式会社（発起設立・非公開会社の中小企業）の設立を目指す人たちのために，主に株式会社の基本原則である定款の作成から，その設立登記申請書類の作成方法まで分かりやすく解説することを目的としたものであります。

　なお，会社法は，平成26年に大きく改正され（平成26年法律第90号。同改正法の施行日は平成27年5月1日），また，令和元年にも大きく改正され（令和元年法律第70号。同改正法の基本部分の施行日は，公布日である令和元年12月11日から起算して1年6月を超えない範囲内において政令の定める日），いずれも定款実務に与える影響も少なくありません。

　そこで，上記中小規模の株式会社に関係する部分については，改正会社法の解説を付加しました。また，皆様に会社法の条文に親しんでいただく意味で，解説に条文を掲記しましたし，さらに，定款の記載例にも，各条文ごとに解説を加え，その存在意義を理解してもらうように努めました。

　本書は，著者4名が分担し，協議しながら執筆あるいは補正しておりますが，初版同様に，御活用いただければ幸いに存じます。

　最後に，本書の刊行に当たり，種々御助言・御協力をいただいた日本加除出版株式会社編集部の山口礼奈氏並びに井出美緒氏に対し，厚

く感謝の意を表する次第であります。

　令和3年1月19日

弁護士　**安 達 敏 男**

弁護士　**吉 川 樹 士**

(以上，東京アライズ法律事務所所属，東京弁護士会所属)

著者

弁護士　**安 重 洋 介**

(神栖法律事務所所長，茨城県弁護士会所属)

社会保険労務士 (元行政書士) **吉 川 康 代**

(東京アライズ社会保険労務士事務所所属)

目　次

第3 株式に関する事項

第4 会社の機関設計に関する事項

第**5**　計算や出資等に関する事項

第7 設立登記申請に関する事項

第8 会社設立後の諸手続の概要

凡　　例

1　改正法の表記について

新会社法　　　　　→令和元年法律第70号による改正後の会社法

改正前会社法　　　→令和元年法律第70号による改正前の会社法

新民法　　　　　　→平成30年法律第59号による改正後の民法

改正前民法　　　　→平成30年法律第59号による改正前の民法

新商業登記法　　　→令和元年法律第71号による改正後の商業登記法

改正前商業登記法　→令和元年法律第71号による改正前の商業登記法

2　判例の略記について

最判昭和43年11月1日民集22巻12号2402頁

　　→最高裁判所判決昭和43年11月1日最高裁判所民事判例集22巻12号2402
　　頁

3　文献略記について

民集　　　→最高裁判所民事判例集

第1　会社の類型と株式会社の設立までの概要

Q1　会社法下における会社の類型

　　会社法の下において，どのような会社類型が認められますか。

A　会社法は，有限会社の新設を廃止し，新たに合同会社の設立を認めています。すなわち，以下のように，①株式会社，②合名会社，③合資会社及び④合同会社の４種類の会社の設立を認めています。株式会社以外の会社を「持分会社」といいます。

　　公証人の定款認証が必要であるのは，株式会社のみです。

　　なお，平成17年改正前商法下で設立した有限会社は，会社法施行の日以後は，会社法の規定に基づく「株式会社」として存続します（４種類の会社の主な異同については次頁の表参照）。

────── 解　説 ──────

1　会社法下における会社の類型

　会社法は，有限会社の新設を廃止し，新たに合同会社の設立を認めています。すなわち，以下のように，①株式会社，②合同会社，③合名会社及び④合資会社の４種類の会社の設立を認めています。株式会社以外の会社を「持分会社」といいます（会社法575条１項）。

　公証人の定款認証が必要であるのは，株式会社のみです。

　なお，平成17年改正前商法（以下「旧商法」という。）下で設立した有限会社は，会社法施行の日以後は，会社法の規定に基づく「株式会社」として存続します（その存続形態については後記２参照）。

⑴　**株式会社**

　株式会社は，社員の地位が株式という細分化された均等の割合的単位の

【会社法下における会社の類型とその主な異同】

	株式会社	持分会社		
		合名会社	合資会社	合同会社
出資者（社員）の責任と員数	有限責任株主1名以上	無限責任社員1名以上	無限責任社員及び有限責任社員が各1名以上	有限責任社員1人以上
出資財産	金銭その他財産（1円でも可）	金銭その他財産のほか，労務・信用の出資も可（1円でも可）	有限責任社員は金銭その他財産に限るが，無限責任社員は労務・信用の出資も可（1円でも可）	金銭その他財産（1円でも可）
会社の代表者	代表取締役	原則として各社員（ただし，代表社員を定めること可）	原則として各社員（ただし，代表社員を定めること可）	原則として各社員（ただし，代表社員を定めること可）
定款の認証	必　要	不　要	不　要	不　要

形をとり，その社員（株主）が，会社に対し各自の有する株式の引受価額を限度とする有限の出資義務を負うだけで，会社債権者に対して何らの責任も負わない会社のことをいいます（会社法104条）。

　株式会社の特徴は，①社員の地位が株式の形をとることと，②社員が有限責任であるということです。

　設立に際して出資される財産の価額は1円でもよく，設立時資本金は0円ということもあり得ます（Q19参照）。

(2)　合名会社

　合名会社とは，会社債権者に対して直接かつ連帯無限の責任を負う無限責任社員のみから成る持分会社のことをいいます（会社法576条2項，580条1項）。

　合名会社の特徴は，①社員の全員が連帯無限の責任を負うこと，②これに対応して，各社員は，定款に別段の定めがある場合を除き，会社の業務

執行権（会社法590条1項）と代表権（会社法599条1項・2項）を有します。

　なお，社員の出資は，金銭その他財産のほか労務・信用の出資も可能です（会社法576条1項6号参照）。

(3)　合資会社

　合資会社とは，無限責任社員と有限責任社員とをもって組織される二元的な持分会社のことをいいます（会社法576条3項）。

　合資会社では，少なくとも無限責任社員と有限責任社員が共に1人ずつ存在する必要があります。

　無限責任社員と有限責任社員は，いずれも定款に別段の定めがある場合を除き，会社の業務執行権（会社法590条1項）と代表権（会社法599条1項・2項）を有します。

　なお，無限責任社員の出資は，金銭その他財産のほか労務・信用の出資も可能ですが，有限責任社員の出資は，金銭その他財産に限られます（会社法576条1項6号参照）。

(4)　合同会社

　合同会社とは，有限責任社員のみをもって組織される持分会社のことをいいます（会社法576条4項）。

　合同会社は，出資者全員が有限責任社員ですが，内部関係については，民法上の組合と同様な規律が適用されます。すなわち，内部関係は，定款に別段の定めがある場合を除き，①社員全員の一致でなければ定款変更その他会社の在り方を決定できず（会社法637条参照），また，②各社員が業務執行権（会社法590条1項）と代表権（会社法599条1項・2項）を有します。

2　会社法下における有限会社

(1)　有限会社の特例有限会社としての存続

　会社法の下では，上記1で述べたように，有限会社の設立は認められません。しかし，旧商法下で設立した有限会社は，会社法施行の日以後は，会社法の規定に基づく「株式会社」として存続します。

　ただし，商号中に「有限会社」の文字を用いなければならず，「特例有限会社」と称されます。この特例有限会社には，原則として会社法の規定

が適用され，また特則として「会社法の施行に伴う関係法律の整備等に関する法律」（平成17年法律第87号。以下「整備法」という。）が適用されることになります。したがって，特例有限会社の機関は，取締役，監査役及び株主総会ということになります（なお，監査役は任意設置機関，他は必置機関）。

　そのため，「有限会社の定款」，「社員」，「持分」及び「出資1口」は，それぞれ「株式会社の定款」，「株主」，「株式」及び「1株」とされ，有限会社の資本の総額を出資1口の金額で除した数が株式会社の発行可能株式総数及び発行済株式の総数となりますが（整備法2条），必要な登記は，登記官が職権で行っています。

　なお，特例有限会社のままでいるメリットは，主に，①取締役の任期がなく（役員変更の登記が不要），②決算公告の義務もないという点です。

(2)　商号変更による通常の株式会社への移行

　有限会社は，商号の定款変更により，通常の株式会社に移行することもできます。この場合，①商号変更（○○有限会社→○○株式会社）についての定款の変更を株主総会で決議し，②株式会社の設立の登記申請（登録免許税は資本金額の1,000分の1.5（商号変更前の特例有限会社の資本金額を超過する部分については，1,000分の7。ただし，これらの計算によって算出した税額が3万円に満たないときは，3万円））及び③特例有限会社の解散の登記申請（登録免許税3万円）を行う必要があります（整備法45条，登録免許税法17条の3，別表第一の24号㈠ホ，同号㈠レ）。

2 株式会社設立までの流れ，株式会社設立にかかる費用

⑴　株式会社を設立するまでの流れについて説明してください。

⑵　株式会社を設立するには，どのくらいの費用がかかりますか。

A ⑴　株式会社を設立させるには，まず①会社設立を企画し，定款を作成して公証人の認証を受け，次いで，②登記所に設立登記申請をしその登記を完了させることが必要です（設立までの流れの概要は，解説１の表を参照）。

⑵　発起設立の場合にかかる最低限必要な費用は，合計最低で約25万円前後です。ただし，定款の認証につき，電子認証を利用する場合には，印紙代４万円がかからないので，最低で約21万円前後で済みます。

なお，募集設立の場合，上記金額のほか，払込保管証明書の発行手数料が必要となります。

【株式会社設立までの流れ】

①　会社設立を企画し，定款を作成して公証人の認証を受ける

②　登記所に設立登記申請をし，その登記を完了させる

【株式会社設立にかかる費用】

発起設立の場合	最低で約25万円前後（定款の認証につき，電子認証を利用する場合には最低で約21万円前後で済む）。
募集設立の場合	上記金額の外，払込保管証明書の発行手数料がかかる。

━━━━━━━━━━━━━　解　説　━━━━━━━━━━━━━

1　株式会社の設立（設立登記）までの流れ ─────────────●

　株式会社を設立させるには，まず①会社設立を企画し，会社の定款を作成して公証人の認証を受け，次いで，②登記所に設立登記申請をしその登記を完了させることが必要です。

　本書は，非公開会社の中小企業の発起設立について，主に，会社設立の企画，会社の定款作成から設立登記の完了までの手続について解説するものです。

(1)　会社の定款作成と公証人の認証

　会社設立の企画から定款作成・公証人の認証までの流れは，おおむね以下のようになります。

①	発起人を決める（Q3参照）
②	発起設立か募集設立かを決める（Q5参照）
③	会社名（会社の商号）を決める（Q6参照）
④	会社の目的（事業目的）を決める（Q7参照）
⑤	本店所在地を決める（Q9参照）
⑥	株券不発行会社にするか否か決める（Q11参照）
⑦	公開会社（株式譲渡制限会社）にするか否か決める（Q12参照）
⑧	取締役会設置会社にするか否か決める（Q14参照）
⑨	監査役を設置するか否か決める（Q16参照）
⑩	会計参与を設置するか否か決める（Q17参照）
⑪	設立時役員（設立時取締役，設立時監査役等）を決める（Q22参照）
⑫	役員の任期を決める（Q14，Q16，Q17参照）
⑬	事業年度と決算公告方法を決める（Q18参照）
⑭	設立に際して出資される財産の価額又はその最低額を決める（Q19参照）
⑮	設立時発行株式に関する事項の決定（発行株式数の割当て，払込金額，資本・資本準備金等）（Q19，Q20参照）
⑯	現物出資をするか否か決める（Q21参照）

⑰	定款作成（Q23，Q24参照）
⑱	公証人から定款の認証を受ける（Q25，Q26参照）

(2) 会社の設立登記

定款の認証後，会社の設立登記までの流れは，おおむね以下のようになります（Q28参照）。

①	設立時発行株式に関する事項の決定（発行株式数の割当て，払込金額，資本・資本準備金等）（定款に定めがあれば不要）
②	発起人による株式引受け，払込み（発起設立では払込金保管証明書は不要）
③	設立時役員（設立時取締役，設立時監査役等）の選任（定款に定めがあれば不要）
④	設立時取締役・監査役による設立手続の調査（現物出資等の変態設立事項に関する検査の調査）（定款に変態設立事項の記載がなければ不要）
⑤	発行可能株式総数の定めと定款変更（定款に定めがあり，かつ定款変更がなければ不要）
⑥	設立登記申請
⑦	設立登記完了

2 株式会社設立にかかる最低限必要な費用 ●

(1) 発起設立の場合

発起設立の場合にかかる最低限必要な費用は，下記の表のとおりです。合計最低で約25万円前後かかります。ただし，定款の認証につき，電子認証を利用する場合には，印紙代4万円がかからないので，最低で約21万円前後で済みます（コーヒータイム6参照）。

発起設立とは，設立時発行株式の全部を発起人が引き受けて会社を設立する方法です（発起設立と募集設立については，Q5参照）。

①	定款認証手数料5万円
②	印紙代4万円（電子認証の場合は不要）
③	謄本手数料（1枚につき250円。2,000円程度必要）

④	設立登記に際して必要な登録免許税が，資本金の額の1,000分の7に相当する額（ただし，それが15万円に満たないときは15万円）
⑤	その他代表者印作成代，印鑑証明書代等

(2)　募集設立の場合

　募集設立の場合，上記(1)の金額のほか，払込保管証明書の発行手数料が必要となります。この発行手数料は，金融機関によって異なるようですが，一般に出資金の2.5%から3%程度かかるようです。

　なお，募集設立とは，設立時発行株式の一部を発起人が引き受け，残りの株式は他から株主を募集して会社を設立する方法です。

第2 株式会社の基礎的事項の決定

3 発起人の決め方

(1) 発起人とは，どのような人ですか。どのような人を選べ
ばよいですか。

(2) 以下の人は発起人になれますか。

① 未成年者

② 成年被後見人

③ 被保佐人

④ 株式会社，持分会社（合名会社，合資会社，合同会社）

⑤ 法人格のない組合（投資事業有限責任組合，有限責任事業
組合，民法上の組合）

⑥ 破産者

⑦ 外国人

A (1) 発起人とは，会社設立の企画者として定款に署名又は記名押印
した者をいいます。したがって，どのような会社を設立するかを
企画し，そのための定款を作成し，設立登記申請を行うなどと
いった一連の作業を行う意思を持った人を発起人に選べばよいこ
とになります。

　発起人は，設立時発行株式の1株以上を引き受けて，設立され
る会社の最初の株主となる必要があります。

(2)① 未成年者は，法定代理人の同意を得るなどして発起人になる
ことができます。

② 成年被後見人が発起人になるには，成年後見人がその代理人
として定款を作成する必要があります。

③ 被保佐人が発起人になるには，保佐人の同意が必要です。

④ 株式会社及び持分会社（合名会社，合資会社，合同会社）は，い

ずれも会社の目的の範囲内であれば（実務上，会社の目的の一部が同種であればよいと解されている。），発起人になることができます。

⑤　法人格のない組合（投資事業有限責任組合，有限責任事業組合，民法上の組合）は，株式会社の発起人となることはできません。

　　ただし，その組合員個人が発起人になることはできます。

⑥　破産者

　ア　自然人の場合

　　　会社法上，破産者であることが発起人となることの障害とはなりません。

　イ　株式会社及び持分会社の場合

　　　株式会社及び持分会社は，いずれも破産手続開始の決定が解散事由となることから，新会社設立の発起人となることはできません。

⑦　外国人

　　外国人も発起人になることができます。

【発起人とは】

- 会社設立の企画者として定款に署名又は記名押印した者をいう。
- 発起人は，設立時発行株式の1株以上を引き受けて，最初の株主となる必要がある。

【発起人の資格】

未成年者	法定代理人（親権者等）の同意を得るなどして発起人になることができる。
成年被後見人	成年被後見人が発起人になるには，成年後見人がその代理人として定款を作成する必要がある。
被保佐人	保佐人の同意を得るなどして発起人になることができる。
株式会社，持分会社	いずれも会社の目的の範囲内であれば（実務上，会社の目的の一部が同種であればよい。），発起人になることができる。
法人格のない組合	①　発起人となることができない。 ②　ただし，組合員個人が発起人になることはできる。

破産者	①　自然人が破産した場合でも，発起人となることができる。 ②　破産した株式会社及び持分会社は，新会社設立の発起人となることはできない。
外国人	発起人となることができる。

解　説

1　発起人とは

　発起人とは，会社設立の企画者として定款に署名又は記名押印した者をいいます。したがって，どのような会社を設立するかを企画し，そのための定款を作成し，設立登記申請を行うなどといった一連の作業を行う意思のある人を発起人に選べばよいことになります。

　発起人は，発起設立及び募集設立のいずれの場合でも，設立時発行株式の1株以上を引き受けて，設立される会社の最初の株主となる必要があります。

2　発起人の資格

(1)　未成年者

　ア　未成年者は，原則として単独で法律行為を行うことはできず，法定代理人の同意を要します（民法5条1項）（☞1）。したがって，発起人のうちに未成年者がいる場合には，その者の親権者である父母の同意書・印鑑証明書と戸籍謄本を添付する必要があります（☞2）。

　　ただし，親権者が全て発起人となっているときは，当然同意があったことが推認されますので，親権の存在を証明するための戸籍謄本の添付のみで足ります。

　　なお，この同意は，父母の共同親権の場合には，共同して行使することを要します（民法818条3項）。

　　ちなみに，平成30年6月改正の新民法（平成30年6月20日法律第59号）により，民法の成年年齢が20歳から18歳に引き下げられました（新民法4条。同民法の施行日は2022年（令和4年）4月1日）。

　（☞1）　公証役場では，一般に，発起人が人違いでないことの確認を，発起

人から提出を受ける印鑑証明書によって行っています。そして，市町村の条例により満15歳以上でなければ印鑑登録ができないので，事実上，15歳未満の未成年者は，法定代理人の同意を得ても，発起人となることはできないことになります。この場合は，後記イの方法によって発起人となることができます。

（注2）　この場合の父母の同意書は，通常，公証役場保存用の定款（原本）の末尾に以下のように記載して，同意書に代えています。

　　発起人甲野一郎（未成年者）が東京ＡＢＣ株式会社の発起人になることを同意します。
　　　　法定代理人
　　　　　　　　親権者父　　　甲野太郎　（実印）
　　　　　　　　親権者母　　　甲野春子　（実印）

イ　未成年者が意思無能力者であるときは，親権者が法定代理人として署名又は記名押印すべきですし，意思無能力者でない場合でも，親権者が法定代理人として定款を作成することができます（民法824条）。

　なお，この法定代理も父母の共同親権のときは，共同して行使することを要します（民法818条3項）。

・・

（法令の準拠）
第29条　この定款に規定のない事項は，全て会社法その他の法令に従う。

　以上，東京ＡＢＣ株式会社設立のためこの定款を作成し，発起人が次に記名押印する。
　　　　令和○年○月○日
　　　　　　　　　　　　　　　　　　　　発起人　甲野太郎　（実印）
　　　　　　発起人甲野二郎，甲野三郎は未成年につき，
　　　　　　　　法定代理人
　　　　　　　　　　親権者父　　　甲野太郎　（実印）
　　　　　　　　　　親権者母　　　甲野春子　（実印）

この場合の，定款末尾の発起人の記名押印欄における記載例は上記のとおりです。

ウ　未成年者であっても，①営業を許されている場合は，当該会社の設立が当該営業の範囲内であれば単独ですることができますし（民法6条1項），②婚姻した場合には成年に達したものとみなされる（改正前民法753条）ので，その証明がされれば，単独で発起人となることができます（なお，前述のとおり2022年（令和4年）4月1日より成人年齢が18歳に引き下げられ，婚姻適齢が男女とも18歳に改正されるのに伴い，民法753条は削除される。ただし，2022年4月1日の時点で既に16歳以上の女性は，引き続き，18歳未満でも結婚できる。）。

この場合の証明方法としては，①商業の許可については登記事項です（商業登記法35条）ので，登記簿謄本により証明することとなりますが，それ以外の営業については，親権者の印鑑証明書を添付した営業許可書（同意書でも可）等により証明することとなります。②婚姻の場合は，戸籍謄本等で証明することになります。

⑵　成年被後見人

成年被後見人の法律行為は，原則として，常に取り消すことができる（民法9条）ので，発起人になる場合には，成年後見人を代理人として定款を作成する必要があることから，成年被後見人として登記されていることについての登記事項証明書，成年後見人の印鑑証明書等が必要となります。

⑶　被保佐人

被保佐人が発起人の場合については，保佐人の同意が必要である（民法13条1項3号）ので，被保佐人として登記されていることについての登記事項証明書，保佐人の同意書・印鑑証明書等が必要となります（成年被後見人及び被保佐人の取締役の資格の有無については，Q14を参照）。

⑷　法　人

株式会社及び持分会社（合名会社，合資会社，合同会社）は，新会社の目的がこれらの会社の目的の範囲内であれば（実務上，会社の目的の一部が同種であればよいと解されている。），新会社の発起人になることができます。

なお，公益法人も，定款又は寄付行為に定められた目的を遂行するのに

必要ないし相当であれば，発起人となることができます。

⑸　**法人格のない組合**（投資事業有限責任組合，有限責任事業組合，民法上の組合）

　これらの法人格のない組合は，株式会社の発起人となることはできません。ただし，組合員個人が発起人になることはできます。この場合には，発起人は組合員個人として定款に記名押印することを要します。

⑹　**破産者**

　ア　自然人の破産の場合（可）

　　　株式会社の場合，会社法上，自然人の破産手続開始決定が退社事由とはなっていないことから，破産者であることが発起人となることの障害とはならないと解されています。

　　　なお，自然人の破産手続開始決定と取締役の資格の可否については，後述**コーヒータイム3**を参照してください。

　イ　株式会社及び持分会社の破産の場合（不可）

　　　株式会社の破産手続開始の決定は解散事由となる（会社法471条5号）ことから，当該決定を受けた株式会社は，新会社設立の発起人となることはできないと解されています。

　　　持分会社（合名会社，合資会社，合同会社），一般社団法人及び一般財団法人の破産手続開始の決定も解散事由となる（会社法641条6号，一般社団法人及び一般財団法人に関する法律148条6号，202条5号）ことから，同様にこれらの会社は，いずれも新会社設立の発起人となることはできないと解されています。

⑺　**外国人**

　外国人も発起人になることができます。

　外国人（15歳以上で意思能力のある人）も市区町村に住民登録があれば，印鑑登録ができるので，本人確認資料として，印鑑登録証明書によることができます。そのほか，特別永住者証明書，在留カード，運転免許証，旅券（パスポート）等も，確認資料になるものと取り扱われています。

定款の記載事項

(1)　定款とは何ですか。また，原始定款とは何ですか。

(2)　株式会社の定款の記載事項にはどのようなものがありま

すか。

A (1)　定款とは，会社，社団法人，財団法人等の法人の目的，内部組

織，活動に関する根本規則（これを記載した書面又は電磁的記録を記録

したものを含みます。）をいいます。国家でいえば「憲法」に当たり

ます。

　　原始定款とは，上記法人の設立に際して最初に作成される定款

のことをいいます。株式会社の場合には，公証人の認証を要しま

す。

(2)　株式会社の定款の記載事項には，①絶対的記載事項，②相対的

記載事項及び③任意的記載事項の3つがあります。

　　これらの事項の例示は，以下の表のとおりです。

【定款とは】

会社，社団法人，財団法人等の法人の目的，内部組織，活動に関す
る根本規則（これを記載した書面又は電磁的記録を記録したものを含
む。）。

【原始定款とは】

・会社，社団法人，財団法人等の法人の設立に際して最初に作成さ
　れる定款のこと。
・株式会社の場合には，公証人の認証を要する。

【株式会社の定款の記載事項】

名　　称	記載事項
絶対的記載事項 （これが欠けると定款が無効）	①目的，②商号，③本店の所在地，④設立に際して出資される財産の価額又はその最低額，⑤発起人の氏名又は名称及び住所
相対的記載事項 （記載がないと効力が不発生）	①変態設立事項（現物出資等），②種類株式の定め，③株券発行会社である定め等多数
任意的記載事項 （定款外で定めても効力有り）	①株主名簿の基準日，②議決権の代理行使，③取締役会の招集権者等

解　説

1　定款とは

　定款とは，会社，社団法人，財団法人等の法人の目的，内部組織，活動に関する根本規則（これを記載した書面又は電磁的記録を記録したものを含む。）をいいます。国家でいえば「憲法」に当たります。

　会社，公益法人，社団法人，財団法人，各種協同組合等の法人では，設立に当たって定款を作成する必要があります。

なお，原始定款とは，上記法人の設立に際して最初に作成される定款のことをいいます。株式会社の場合には，この原始定款について公証人の認証を要します。そのほか，一般社団法人，一般財団法人，弁護士法人，司法書士法人，行政書士法人等も公証人の認証を要します。

　なお，持分会社（合名会社，合資会社，合同会社）の定款は，公証人の認証は不要です。

2　株式会社の定款の記載事項

　株式会社の定款の記載事項には，①絶対的記載事項，②相対的記載事項及び③任意的記載事項の3つがあります（上記「株式会社の定款の記載事項」の表参照）。

(1)　絶対的記載事項

絶対的記載事項は，定款に必ず記載しなければならない事項であり，これを記載しないと定款が無効になります。

絶対的記載事項は，①「目的」，②「商号」，③「本店の所在地」，④「設立に際して出資される財産の価額又はその最低額」，⑤「発起人の氏名又は名称及び住所」の５つの事項です（会社法27条）。

この絶対的記載事項を記載すれば，定款としては有効となりますが，そのほか，一般に，会社の基本的な組織や運営に関する事項（①株式に関する事項，②株主総会に関する事項，③取締役，代表取締役及び取締役会に関する事項（取締役会に関する事項は非取締役会設置会社では不要），④監査役に関する事項（非監査役設置会社の場合は不要），⑤計算に関する事項等）を定款に定めています。

なお，会社の発行可能株式総数については，原始定款に定めていないときは，会社の成立（設立登記申請時）までに発起人全員の同意により，定款を変更してこの定めを設けなければならないとされています（設立時の絶対的記載事項，会社法37条１項，98条。**Q20**参照）。

(2)　相対的記載事項

相対的記載事項は，絶対的記載事項と異なり，定款に記載がなくても，定款の効力自体には影響がないが，定款に定めない限り，その効力が認められない事項をいいます（会社法に「……定款で定めることができる。」とか「……の事項を定めるときは，……定款で定めなければならない。」などと規定されている場合が相対的記載事項となる。）。

会社法は，相対的記載事項を多岐にわたって規定しています。
主要な例を挙げると，以下のようなものがあります。

①	変態設立事項 ((a)現物出資（金銭以外の財産をもってする出資），(b)財産引受（発起人が会社のため，会社の設立を条件として特定の財産を譲り受ける契約），(c)発起人の報酬（会社の成立により発起人が受ける報酬その他の特別利益），(d)設立費用（会社の負担する設立に関する費用。なお，定款の認証の手数料その他株式会社に損害を与えるおそれがないものとして法務省令で定めるものを除く。））（会社法28条）
②	株式の内容制限に関する定め（会社法107条２項）

③	種類株式に関する定め（会社法108条2項・3項）
④	株主名簿管理人を置く旨の定め（会社法123条）
⑤	相続人等に対する売渡請求に関する定め（会社法174条）
⑥	単元株式数についての定め（会社法188条）
⑦	株券発行会社である旨の定め（会社法214条）
⑧	取締役会，会計参与，監査役，監査役会，会計監査人，監査等委員会又は指名委員会等を設置する旨の定め（会社法326条2項）
⑨	取締役，会計参与，監査役，執行役，会計監査人の責任の免除に関する定め（会社法426条1項，423条1項）
⑩	社外取締役，会計参与，社外監査役，会計監査人の責任の限定契約に関する定め（会社法427条1項）

(3)　任意的記載事項

　任意的記載事項は，定款の記載事項のうち，絶対的記載事項及び相対的記載事項以外の事項で，会社法その他の強行法規の規定等に違反しないものをいいます（会社法29条に規定する「この法律の規定に違反しないもの」に該当する。）。すなわち，その記載を欠いても定款の効力に影響がなく，定款外で定めても効力を有する事項をいいます。ただし，いったん定款に記載されれば，定款変更手続（株主総会の特別決議）を要することになります。
　主要な例を挙げると，以下のようなものがあります。

①	株主名簿の基準日（会社法124条参照）
②	定時株主総会の招集時期（会社法296条1項参照）
③	株主総会の議長（会社法315条参照）
④	議決権の代理行使（会社法310条参照）
⑤	取締役（会社法326条1項，331条4項参照），監査役（会社法335条3項）の員数
⑥	取締役会の招集権者（会社法366条1項参照）
⑦	会社の事業年度
⑧	公告の方法（会社法939条1項）⚲1
⑨	設立時発行株式の総数（会社法28条1号参照），資本金の額（会社法445条1項〜3項）⚲2

(注1) 会社法は，全ての会社の公告方法について，任意的記載事項とし，官報に掲載する方法，時事に関する事項を掲載する日刊新聞紙に掲載する方法，電子公告のいずれかを選択できるものとし（会社法939条1項)，定款に公告方法の定めがない会社については，自動的に官報に掲載する方法によることとしています（同条4項)。

(注2) 設立時発行株式の総数及び資本金の額は，いずれも登記事項（会社法911条3項5号・9号）でありながら，任意的記載事項であるため，定款の記載を要しませんが，発起設立（Q5参照）における非取締役会設置会社のような小規模会社の場合には，会社の基本的事項を明確にする観点から，これらの事項を定款に記載していることも多いようです。しかし，これらの事項を定款に記載しますと，その後会社設立までに株式引受けの履行がされないような場合に，定款を変更し，再度公証人の認証を受ける必要が生じ，手続が煩雑となります。したがって，募集設立（Q5参照）等の場合には，定款にこれらの事項を記載しないこともあるようです。

5 発起設立と募集設立の選択

(1) 発起設立と募集設立とは，どのような違いがありますか。

(2) 非公開会社の中小企業の設立には，どちらを選択すべきですか。

A (1) 発起設立とは，設立時発行株式の全部を発起人だけが引き受ける会社の設立方法です。募集設立は，設立時発行株式の一部を発起人が引き受け，残りの株式は他から株主を募集する会社の設立方法です。

　募集設立は，発起設立と異なり，株主の募集や創立総会の手続を経なければならず，手続的に複雑であり，また，設立の際の払込み金額の証明には，払込取扱機関が発行する払込金保管証明書が必要です。

(2) 一般に，発起設立は，発起人だけで出資をまかなうことのできる比較的小規模な会社の設立に適しています。これに対し，募集設立は，発起人だけで出資がまかなうことのできない場合など，比較的大規模な会社の設立に適しているといえます。

　非公開会社の中小企業の設立の場合は，発起人や取締役の人数が数人程度のことが多いと思われますので，発起設立が適しているといえます。

【発起設立・募集設立の意義とこれらが適する場合】

発起設立	意　義	設立時発行株式の全部を発起人だけが引き受ける設立方法
	適する場合	発起人だけで出資をまかなうことのできる比較的小規模な会社の設立に適する(設立手続が簡単)
募集設立	意　義	設立時発行株式の一部を発起人が引き受け，残りの株式は他から株主を募集する設立方法
	適する場合	発起人だけで出資がまかなうことのできない場合など，比較的大規模な会社の設立に適する(設立手続が複雑)

━━━━━　解　説　━━━━━

1　発起設立と募集設立とは

　株式会社の設立の方法として，以下の発起設立と募集設立の方法があります。

(1)　発起設立

　発起設立とは，設立時発行株式（株式会社の設立に際して発行する株式）の全部を発起人が引き受け，発起人以外の者から株式を引き受ける者を募集しないで会社を設立する方法です（会社法25条1項1号，26条から56条まで）。

(2)　募集設立

　募集設立とは，設立時発行株式の一部を発起人が引き受け，残りの株式は他から株主を募集して会社を設立する方法です（会社法25条1項2号，26条から37条まで，39条，47条から103条まで）。

　なお，いずれの方法によっても，発起人は1株以上の設立時発行株式を引き受けることを要します（会社法25条2項）。

2　発起設立と募集設立の設立手続の違い

(1)　株主の募集等の要否

　募集設立は，発起設立と異なり，株主の募集や創立総会の手続を経なければならず，手続的に複雑です。

　なお，発起・募集設立ともに，原始定款で，設立時取締役，設立時代表取締役，設立時会計参与，設立時監査役及び設立時会計監査人を定めることができます。

(2)　払込金額の証明の違い

　発起・募集設立ともに，設立の際の払込みは払込取扱機関による必要があります。しかし，その払い込まれた金銭の額の証明には，募集設立の場合は，払込取扱機関が発行する払込金保管証明書が必要である（会社法64条1項）のに対し，発起設立の場合は，特定の払込みがあった事実が明らかになるものであれば，預金通帳の写し等の任意の方法によることができます。

3 非公開会社の中小企業において発起設立と募集設立のいずれを選択すべきか

　一般に，発起設立は，発起人だけで出資（設立に際して出資される財産の価額）をまかなうことのできる比較的小規模な会社の設立に適しています。

　これに対し，募集設立は，発起人だけで出資がまかなうことのできない場合など，比較的大規模な会社の設立に適しているといえます。

　したがって，非公開会社の中小企業の設立の場合は，発起人や取締役の人数が数人程度のことが多いと思われますので，発起設立が適しているといえます。

　そこで，本書では，主に，発起設立についてのみ説明します。

4 発起設立と募集設立の手続の流れ

発起設立と募集設立の手続の流れの概要を示すと，以下のようになります。

(1) 発起設立の流れ

①	発起人による定款の作成
②	定款の認証
③	設立時発行株式に関する事項の決定（発行株式数の割当て，払込金額，資本・資本準備金等）（定款に定めがあれば不要）
④	発起人による株式引受け，払込み（払込金保管証明書は不要）
⑤	出資未履行の発起人の失権手続（催告）
⑥	設立時役員の選任（定款に定めがあれば不要）
⑦	設立時取締役・監査役による設立手続の調査（現物出資等の変態設立事項に関する検査の調査）（定款に変態設立事項の記載がなければ不要）
⑧	発行可能株式総数の定めと定款変更（定款に定めがあり，かつ定款変更がなければ不要）
⑨	設立登記

(2) 募集設立の流れ

（❖は募集に関する事項）

①	発起人による定款の作成
②	定款の認証

③	設立時発行株式（発起人割当て分）に関する事項の決定（定款に定めがあれば不要） ❖設立時募集株式に関する事項の決定
④	発起人による株式引受け，払込み（払込保管証明書が必要）
⑤	出資未履行の発起人の失権手続（催告） ❖設立時募集株式引受人の募集・割当て ❖設立時募集株式引受人による株式引受け，払込み（払込管証明書が必要）
⑥	変態設立事項に関する検査役の調査（定款に変態設立事項の記載がなければ不要）
⑦	創立総会 ・設立時役員の選任（定款の定めがあれば不要） ・設立時取締役・監査役による設立手続の調査，創立総会への報告 ・発行可能株式総数の定めと定款変更（定款に定めがあり，かつ定款変更がなければ不要）
⑧	設立登記

6　会社名の選択方法

(1)　株式会社名（商号）を決める際，どのような点に注意す
べきですか。

(2)　同一の本店所在場所における同一商号の登記の禁止とは
どのようなことですか。

A

(1)　商号とは，会社の名称で，定款の絶対的記載事項です。株式会
社の商号には，「株式会社」という文字を含むことを要します。

なお，会社名を決める際に注意すべき主な点は，下表のとおり
です。

(2)　同一の本店所在場所における同一商号の登記の禁止とは，既に
登記された会社と同一商号で同一の本店所在場所の会社の登記が
許されないことをいいます（商業登記法27条）。したがって，事業
目的が同じでも，会社の住所が異なれば，同じ商号でも登記がで
きることになります。

ただし，会社法8条や不正競争防止法（2条～5条）の関係で，
商号の選択には注意を要します（**Q7**参照）。

【株式会社名（商号）選択上の主な注意点】

①	「株式会社」という文字を含むこと
②	・日本文字のほか，ローマ字，アラビア数字も使用可 ・「＆」（アンパサンド），「'」（アポストロフィー），「,」（コンマ），「−」（ハイフン），「.」（ピリオド）及び「・」（中点）の6種の符号の使用可 ・ローマ字を用いた複数の単語の間を空白（スペース）によって区切ることも可 ・可能な会社名の例として，「東京・ABC・2020商事株式会社」，「株式会社D. G.」，「大阪Air Cargo株式会社」
③	法令により使用を禁止されている文字の使用の禁止（「銀行」，「信託」，「証券」，「保険」名等）
④	同一の本店所在場所における同一商号の登記の禁止

━━━━━━━━━━━━━━━　解　説　━━━━━━━━━━━━━━━

1　商号とは ─────────────────────────────•

商号とは，会社の名称で（会社法6条1項），定款の絶対的記載事項です（会社法27条2号）。

株式会社の商号には，「株式会社」という文字を含むことを要します（会社法6条2項）。したがって，この「株式会社」の文字自体は，仮名やローマ字で表示することはできません。ただし，定款に，例えば，「第1条　当会社は，東京ABC株式会社と称し，英文では，TOKYO ABC CO., LTD. と表示する。」と記載することはできます（この場合，英文表示は商業登記には記載されない。）。

2　商号で使用できる文字とできない文字 ──────────•

(1)　商号で使用できる文字

商号は，日本文字のほか，ローマ字，アラビア数字を用いることができますし，また，「＆」（アンパサンド），「'」（アポストロフィー），「,」（コンマ），「－」（ハイフン），「.」（ピリオド）及び「・」（中点）の6種の符号を使用することができます（商業登記規則50条，平成14年7月31日法務省告示第315号）。ただし，この6種の符号のうち，ピリオドについては省略を表すものとして商号末尾に使用が可能ですが，それ以外の符号については商号の先頭又は末尾に使用できません（平成14年7月31日法務省民商1839号民事局長通達）。例えば，「株式会社A. C.」，「甲野・乙野株式会社」は可能ですが，「株式会社E＆」，「'20株式会社」等は許容されません。

なお，ローマ字を用いた複数の単語を表記する場合には，単語の間を空白（スペース）によって区切ることもできます。

商号として可能な会社名の例として，「東京・ABC・2020商事株式会社」，「株式会社D. G.」，「大阪Air Cargo株式会社」があります。

(2)　法令により使用を禁止されている文字等

他の法令により使用を禁止されている文字を用いることも許されません。例えば，「銀行」，「信託」，「証券」，「保険」等の各事業を営むものでない

会社が，その各業者であることを示すような文字を商号中に用いることはできません（銀行法6条2項等）。

　また，支店であることを示す文字を用いることや商号中に会社の一営業部門であることを示す「事業部」，「不動産部」のような文字を用いることはできません。ただし，称号又は名称に「支部」という文字を使用する会社又は法人の登記は可能です（平成21年7月16日民商1679号民事局商事課長通知）。

3　同一の本店所在場所における同一商号の登記の禁止————•

　旧商法下においては，他人の登記した商号と同一又は類似の商号は，同一市町村内において同一の営業のために登記することができない旨規定されていました（旧商法19条，旧商業登記法27条）。これを「類似商号の禁止」といいました。

　しかし，会社法の下では，このような類似商号の規制が廃止されました。そして，商号の規制として，既に登記された会社と同一商号で同一の本店所在場所の会社の登記だけが許されないものされています（商業登記法27条。「同一本店所在場所における同一の商号の登記の禁止」）。したがって，事業目的が同じでも，会社の住所が異なれば，同じ商号でも登記ができることになったわけです。これにより商号選択の自由度が高まったといえます。

　しかし，①会社法8条は，不正の目的をもって他の会社と誤認されるような商号を使用することを禁止し，既存の商号使用者からの侵害停止，侵害予防請求を認めていますし，また，②会社法8条1項の規定に違反して，他の会社（外国会社を含む。）であると誤認されるおそれのある名称又は商号を使用した者は，100万円以下の過料に処せられ（会社法978条3号），さらに，③不正競争防止法の関係で，類似商号を用いると，(a)他人の商号，商標として需要者の間に広く認識されているものと同一若しくは類似の商号を使用し，他人の商品又は営業と混同を生じさせる行為（不正競争防止法2条1項1号），及び(b)自己の商号として，他人の著名な商号，商標，営業を表示するものと同一又は類似のものを使用する行為（同法2条1項2号）に該当し，差止請求や損害賠償請求を受ける（同法3条〜5条）おそれがあるので，次問の「会社の目的の決め方」とも関連しますが，なお商号の選

択には注意を要します（Q7参照）。

4 商号の調査

　上記会社法8条等の存在や同一本店所在場所における同一の商号の登記が禁止されていること（商業登記法27条）から，商号（類似商号）調査を必要とする場合があります。法務局では，以前，登記所の窓口に備付けの商号調査端末を使用して商号調査を行うことができましたが，現在ではこれが廃止され，商号調査には，①登記・供託オンラインシステム（https://www.touki-kyoutaku-online.moj.go.jp/）のオンライン登記情報検索サービスを利用して調査することが可能であり，また，②国税庁の法人番号公表サイト（https://www.houjin-bangou.nta.go.jp/）の情報を利用して調査することも可能です。

　　　上記①は，ID及びパスワードの取得が必要で複雑のようですが，後者の②は，容易に商号調査が可能のようです。

7　会社の目的の決め方

　会社の目的（事業目的）を決める上で，注意すべき点はどのようなことですか。

A　会社の目的とは，会社の営もうとする事業をいいます。

　会社法下においては，旧商法下における目的審査基準である「適法性」，「営利性」，「明確性」及び「具体性」の4要素のうち，具体性についてはその考慮要素から除外されました。

　したがって，「商業」，「事業」などという，具体性を欠く目的についても，登記が受理されることになりますが，金融機関から融資を受ける際や所管官庁に許認可の申請をする際，あるいは重要な取引先との取引の際に，支障を来すおそれがあるので，なるべく目的を具体的に記載することをお勧めします。

【会社の目的選択上の注意点】

① 　具体性を欠く目的についても，登記が受理される。
② 　しかし，金融機関から融資を受ける際や所管官庁に許認可の申請をする際などに支障を来すおそれがある。

解　説

1　会社の目的とは

　会社の目的とは，会社の営もうとする事業をいいます。会社の目的は，商号等とともに会社を識別する基準であり，株主及び取引の相手方にとって重要ですので，定款の絶対的記載事項とされています（会社法27条1号）。

【会社の目的の定款記載例】

> 第○条　当会社は，次の事業を営むことを目的とする。
> 　(1)　家庭電化用品の製造及び販売
> 　(2)　家具，什器類の製造及び販売
> 　(3)　光学機械の販売
> 　(4)　不動産の賃貸，売買及び斡旋
> 　(5)　農作物の加工及び販売
> 　(6)　NPO活動（注1）
> 　(7)　前各号に附帯又は関連する一切の事業（注2）

（注1）　目的は複数あってもよく，目的相互に関連性がなくてもよいです。
（注2）　このような附帯・関連事業も目的の範囲内であることを明示しておくのが通常です。

2　登記所における目的の審査基準

(1)　旧商法下の取扱い

　旧商法下では，会社の目的審査の基準として，以下の4要素が挙げられていました。

　①　適法性（会社の目的が公序良俗に反しないこと）
　②　営利性（会社の目的が利益を上げ得る事業であること）
　③　明確性（目的に関する定款の記載の意味内容が明瞭・明確であること）
　④　具体性（会社がどのような事業を営むのかを第三者が判断できる程度に具体性を有すること）

(2)　会社法下の取扱い等

　ア　会社法下においては，上記4要素のうち，「具体性」については審査基準の考慮要素から除外されることになりました（平成18年3月31日法務省民商782号民事局長通達第7部第2）。その理由は，旧商法下では，類似商号の規制に抵触することを回避するため，目的の記載内容を具体化・細分化する傾向がありましたが，会社法下では類似商号の規制が廃止されたので，目的の記載内容の具体性を考慮する必要がないと考えられるに至ったからです。

　そこで，「商業」，「事業」，「商取引」，「サービス業」，「営利事業」，「建設業」などという，具体性を欠く目的についても，登記が受理されることになります（したがって，公証人も原則として目的の具体性の審査を行っていない。）。

　しかし，このような目的の具体性を欠く場合には，金融機関から融資を受ける際や所管官庁に許認可の申請をする際，あるいは重要な取引先との取引の際に，支障を来すおそれがあります。

　また，類似商号の規制が廃止されたとはいっても，Q6で解説したように，会社法8条により不正の目的をもって他の会社と誤認されるような商号を使用することが禁止されていますし，さらに，不正競争防止法により，類似商号を用いた場合に差止請求や損害賠償請求を受けるおそれがありますので，商号の選択とともに会社の目的の選択には，なお注意を要します。

　このようなことから，会社法下においても，目的は具体的に記載することをお勧めします。

　なお，「当会社の目的に関しては，範囲を限定しない。」とか「製造業以外」などという目的の記載は，明確性を欠くことになります。

イ　会社の目的の記載には，「OA機器」，「LPガス」，「LAN工事」，「NPO活動」のように社会的に広く認知されている英単語は使用することができます（平成14年10月7日法務省民商2364号民事局商事課長回答）。

8　会社の許認可関係

　会社の目的によっては監督官庁の許認可が必要であると聞きましたが，その概要を教えてください。

A　会社の事業目的によっては，監督官庁の許認可，免許又は登録等を得る必要があります。これらの許認可等を要する業種は多岐にわたっています。例えば，飲食店営業や喫茶店営業は，保健所長の許可を要します。

　この許認可等は，会社設立後開業までに受ければよいことになっているようですが，会社設立の準備段階において，必ず監督官庁に問合せをして許認可等を得るために必要な事項を確認しておくべきです。

【許認可営業で注意すべき点】

・会社設立の準備段階において，必ず監督官庁に問合せをして許認可等を得るために必要な事項を確認しておくこと。
・無許可・無免許で営業を行った場合には，処罰されることがある。

解　説

1　官公庁の許認可

　会社の事業目的によっては，監督官庁の許認可，免許又は登録等を得る必要があります。これらの許認可等を要する業種は多岐にわたっています。

　この許認可等は，会社設立後開業までに受ければよいことになっているようですが，会社設立の準備段階において，必ず監督官庁に問合せをして許認可等を得るために必要な事項を確認しておくべきです。株式会社を設立したものの，開業に必要な許認可が降りなかったというケースがあり得ますし，また，業種によっては，営業場所の構造・衛生等に一定の基準や条件を満たす必要がある場合もあるからです。

　なお，無許可・無免許で営業を行った場合には，処罰されることがあり

ますので，注意を要します。

2　主な許認可営業の一覧表

　主な許認可営業について挙げますと，下記の一覧表のようになります。

　なお，許認可等を要する事業かどうか不明の場合には，最寄りの商工会議所等に問い合わせください。

(1)　保健所を窓口とする主な営業

業　種	許認可・届出等	あて先	受付窓口
飲食店営業（一般食堂，旅館，弁当屋，レストラン等を含む。）喫茶店営業 菓子製造業（パン製造業を含む。）乳製品製造業 乳類販売業 食肉処理業 食肉販売業	許　可	保健所長	保健所
クリーニング所（取扱店を含む。）理容業 美容業	届出（確認検査）	保健所長	保健所

(2)　警察を窓口とする主な営業

業　種	許認可・届出等	あて先	受付窓口
風俗営業 古物商 質屋営業	許　可	都道府県公安委員会	警察署
深夜酒類提供飲食店営業	届　出	都道府県公安委員会	警察署

(3)　都道府県その他官庁を受付窓口とする主な営業

業　種	許認可・届出等	あて先	受付窓口
酒類販売業	免　許	税務署長	税務署
宅地建物取引業	免　許	国土交通大臣又は知事	都道府県

一般廃棄物処分業 一般廃棄物収集運搬業	許　可	市町村長	市町村
産業廃棄物処分業 産業廃棄物収集運搬業	許　可	知　事	都道府県
有料職業紹介事業	許　可	厚生労働大臣	都道府県労働局
労働者派遣事業	許　可	厚生労働大臣	都道府県労働局
建設業	許　可	国土交通大臣 又は知事	都道府県

会社の本店所在地の決め方

(1) 会社の本店とはどのような意味ですか。また，本店の所在地の役割はどのようなものですか。

(2) 定款に記載する本店の所在地は，どの程度特定すればよいのですか。

A (1) 会社の本店とは，会社の主たる営業所のことです。会社の本店所在地は，「会社の住所」であり，民事訴訟事件の訴えや設立登記，合併登記等の登記の管轄を定める基準となるなど，法律上重要な役割を果たします。

(2) 定款に記載する本店の所在地は，本店の所在する「独立の最小行政区画」の記載で足ります。この「独立の最小行政区画」とは，「市町村」及び「東京都の特別区」をいい（例えば，「茨城県水戸市」，「東京都中央区」等），政令指定都市の場合は，市を指定して記載すれば足り，区まで指定して記載する必要はありません。

しかし，住居表示上の地番（例えば，「東京都〇〇区□□〇丁目〇番〇号」等）まで特定して記載することもできます。ただし，この地番まで特定した場合には，同じ行政区画内で本店を移動する必要が生じた場合でも，定款変更の手続を経て登記所で変更登記をしなければならないことになり，この場合，登録免許税として3万円がかかりますので，注意を要します。

【会社の本店の意義及び会社の本店所在地の役割】

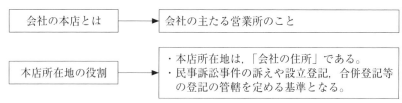

【定款における本店所在地の記載の程度】

① 本店所在の「独立の最小行政区画」の記載で可

→「市町村」，「東京都の特別区」，「政令指定都市の場合は，市」
（例えば，「茨城県水戸市」，「東京都中央区」，「大阪市」等）

② 住居表示上の地番まで特定して記載することも可（例えば，「東
京都○○区□□○丁目○番○号」等）

→この場合，同じ行政区画内で本店を移動するときでも，変更登記
が必要（登録免許税3万円）。

━━━━━ **解　説** ━━━━━

1 会社の本店の意義及び会社の本店所在地の役割

　会社の本店とは，会社の主たる営業所のことです。会社の本店所在地は，
「会社の住所」であり（会社法4条），民事訴訟事件の訴え（民事訴訟法4条4
項）や設立登記（会社法49条），合併登記（会社法921条，922条）等の登記の管
轄を定める基準となるなど，法律上重要な役割を果たします。

　その意味で，本店の所在地は，定款の絶対的記載事項とされています
（会社法27条3号）。

2 定款における本店所在地の記載の程度

(1) **本店所在地の記載の程度**（「独立の最小行政区画」で可）

　本店の所在地は，日本国内であれば自由に定めることができますが，定
款に記載する本店の所在地は，本店の所在する「独立の最小行政区画」の
記載で足ります。この「独立の最小行政区画」とは，「市町村」及び「東
京都の特別区」をいい（例えば，「茨城県水戸市」，「東京都中央区」等），政令指
定都市の場合は，市を指定すれば足り，区まで指定して記載する必要はな
いとされています。また，都道府県と同一名称の市及び政令指定都市を除
いては，都道府県名を記載するのが相当とされています（昭和32年12月24日
民事甲2419号民事局長通達。例えば，「新潟県新潟市」は「新潟市」，「神奈川県横浜市」
は「横浜市」でよい。）。

　なお，会社の設立登記申請の際には，「本店及び支店の所在場所」が登記事項とされており（会社法911条3項3号），この「所在場所」は住居表示上の地番までを意味します。ただし，支店の所在地については，絶対的記載事項ではないため，定款に記載する必要はなく，実務上も，支店の所在地を定款に記載することはほとんどないようです。

(2)　**本店の所在場所**（住居表示上の地番）**まで特定して記載することの可否**
　（可能）
　定款に最小行政区画を超えて本店の所在場所（例えば，「東京都○○区□□○丁目○番○号」等）まで特定して記載することもできます。

　実務上，小規模の非公開会社（株式譲渡制限会社）の場合で，将来的に本店の所在場所の変更の可能性がないようなときには，住居表示上の地番まで特定して記載している例も時々見受けられます。

　なお，この地番まで特定して記載した場合には，設立登記申請書の添付書類としての「発起人による本店所在地決議書」は不要となります（この場合，当該申請書には，「本店所在場所決議書は，定款の記載を援用する。」と記載することになる。この点はQ23及びQ28参照）。

　ただし，地番まで特定した場合には，同じ行政区画内で本店を移動する必要が生じた場合でも，定款変更の手続を経て登記所で変更登記をしなければならないことになり，この場合，登録免許税として3万円がかかるので，注意を要します。

第3　株式に関する事項

10　普通株式と種類株式

(1)　普通株式と種類株式とはどのようなものですか。

(2)　種類株式の定款記載例を教えてください。

A　(1)　普通株式とは，種類株式を発行する場合に，権利内容に何も限定のない標準となる株式のことをいいます。

　　これに対し，種類株式とは，株式の一部について異なる内容の定めをして発行する株式のことをいいます。これには，剰余金の配当及び残余財産の分配についての優先株式・劣後株式，議決権制限種類株式等があります。

　　なお，通常，定款で単に株式というときは，普通株式を指します。

(2)　種類株式中の議決権制限種類株式の定款記載例は，後述解説2の(2)を参照してください。

【普通株式と種類株式】

普通株式	種類株式を発行する場合に，権利内容に何も限定のない標準となる株式のこと
種類株式	株式の一部について異なる内容の定めをして発行する株式のこと（例えば，剰余金の配当及び残余財産の分配についての優先株式・劣後株式，議決権制限種類株式等）

━━━━━━━━━━━━━━ 解　説 ━━━━━━━━━━━━━━

1　普通株式

　普通株式とは，種類株式を発行する場合に，権利内容に何も限定のない標準となる株式のことをいいます。通常，定款で単に株式というときは，普通株式を指します。

　会社法においては，発行する全部の株式の内容として，①譲渡制限株式，②取得請求権付株式及び③取得条項付株式とすることを定款で定めることができます（会社法107条）。これらの株式は，発行株式の全部について一律に定めるもので，後記の種類株式とは異なり，同株式との対比では，普通株式に入るものといえます。

　なお，上記①の発行株式の全部について譲渡制限株式とする会社を「非公開会社」（株式譲渡制限会社）といいます（非公開会社については，Q12参照）。

2　種類株式

(1)　種類株式とは

　種類株式とは，株式の一部について異なる内容の定めをして発行する株式のことをいいます（会社法108条1項）。会社は，種類株式を発行するには，その内容及び発行可能種類株式総数等の所定の事項を定款で定めることを要します（会社法108条2項・3項。これらは登記事項である（会社法911条3項7号・9号）。）。

　なお，種類株式の内容を表にしますと，以下のようになります。

【種類株式の内容（会社法108条1項）】

①	剰余金の配当についての優先，劣後（**優先株式，劣後株式**）
②	残余財産の分配についての優先，劣後（**優先株式，劣後株式**）
③	株主総会において行使すべき議決権の制限を設けた株式（**議決権制限種類株式**）
④	その株式の譲渡による取得について会社の承認を要すること（**譲渡制限種類株式**）
⑤	株主が会社にその株式の取得を請求できること（**取得請求権付種類株式**）
⑥	一定の事由が生じた場合に会社がその株式の取得ができること（**取得条項付種類株式**）
⑦	株主総会の決議により会社がその株式の全部を取得すること（**全部取得条項付種類株式**）
⑧	株主総会の決議事項のうち，その決議のほか，その株式に係る種類株主総会の決議を必要とするもの（**拒否権付種類株式，黄金株**）

| ⑨ | その株式の種類株主総会において取締役・監査役を選任すること（**取締役・監査役選任権付種類株式**。なお，指名委員会等設置会社及び公開会社は発行できない。） |

⑵　種類株式（議決権制限種類株式）の定款記載例

ア　議決権制限種類株式の発行条件等

　　種類株式中の議決権制限種類株式とは，上記のように，株主総会において行使すべき議決権の制限を設けた株式のことをいいます。

　　議決権制限種類株式を発行するには，①発行可能種類株式総数と②会社法108条2項3号に規定する事項を定款で定めることを要します。この同項3号では，(ア)「株主総会において議決権を行使することができる事項」と(イ)「当該種類の株式につき議決権の行使の条件を定めるときは，その条件」を定款で定めることとされています。

　　なお，会社法は，非公開会社については議決権制限種類株式の発行数（発行割合）に制限を設けていません（公開会社は2分の1以下。会社法115条）。

イ　議決権制限種類株式の定款記載例

> 第○条　当会社の発行することができる株式の総数は○万株とし，このうち○万株は普通株式，○万株は第○条に定めるA種類株式，○万株は第○条に定めるB種類株式とする。
> 第○条　A種類株式を有する株主は，法令に別段の定めがある場合を除き株主総会の議決権を有しない。
> 第○条　B種類株式を有する株主は，株主総会において次の各号に定める決議についてのみ議決権を有するものとする。
> 　⑴　剰余金の配当及び処分の株主総会決議
> 　⑵　自己株式取得の株主総会決議

株券発行会社にすべきか

定款上，株券発行会社にすべきですか，それとも株券不発行会社にすべきですか。

A (1) 旧商法では，株券発行が原則で，例外的に定款で株券の不発行を定めることができました。

これに対し，会社法では，この原則と例外を逆転させ，「株券不発行」を原則とし，定款で「株券の発行をする」旨を定めることができることにしました。

(2) 会社としては，不発行により株券の発行コストを省くことができ，また，株券の偽造等のリスクをなくすという利点があります。

上場会社は，平成21年1月5日から「株券の電子化」により全て株券不発行会社となっています。上場会社以外の会社においても，株券不発行会社が多くなっています。

したがって，非公開会社の設立には，株券不発行会社でよい場合が多いと考えられます。

ただ，特に，株券不発行会社では，株主名簿を備え置くことが強く求められます。

【旧商法と会社法】

旧 商 法	⟹	原則：**株券発行**，例外：株券不発行（定款）
会 社 法	⟹	原則：**株券不発行**，例外：株券発行（定款）

【株券不発行会社の利点】

① 株券の発行コストを省くことが可
② 株券の偽造等のリスクをなくすことが可
③ ただし，株主名簿を備え置くことが強く求められる

━━━━━━━━━━━━━━━━━|　解　説　|━━━━━━━━━━━━━━━━━

1　旧商法の立場（株券発行が原則）━━━━━━━━━━━━━●

　旧商法においては，定款で株券の不発行を定めない限り，株券を発行し
なければならないとされていました。しかし，非公開会社（株式全部譲渡制
限会社）においては，ほとんど株券は発行されず，公開会社を含めて株券
発行会社においても，多くの投資家は株券を保管振替機関に委託したり，
証券会社の保護預かりにしていました。

　そこで，平成16年の旧商法の改正により，定款で定めることにより株券
を発行しないことができるようになり，株券不発行制度が導入されました。

2　会社法の立場（株券不発行が原則）━━━━━━━━━━━●

(1)　株券不発行が原則

　会社法では，この株券不発行制度を更に進めて，原則と例外を逆転させ，
株券不発行を原則とし，定款で株券を発行する旨を定めた場合に限って，
株券を発行することができることにしました（会社法214条）。会社としては，
不発行により株券の発行コストを省くことができ，また，株券の偽造等の
リスクをなくすという利点があります。

　上場会社は，平成21年1月5日から「株券の電子化」により全て株券不
発行会社となっています。上場会社以外の会社においても，株券不発行会
社が多くなっています。

　したがって，非公開会社の設立には，株券不発行会社でよい場合が多い
と考えられます。

【株券不発行会社が任意に規定する場合の定款記載例】

（株券の不発行）
第○○条　当会社の発行する株式については，株券を発行しない。

【株券発行会社の場合の定款記載例】

> （株券の発行）
> 第○○条　当会社の発行する株式については，株券を発行するものとする。
> 　2　当会社の発行する株券は，1株券，10株券，50株券及び100株券の
> 　　4種類とする。

(2)　株券不発行会社における株主名簿記載事項の証明書等の交付

　株券不発行が原則化されたため，株券不発行会社においては，株主は自己について株主名簿に記載又は記録された株主名簿記載事項の証明書の交付あるいは電磁的記録の提供を請求することができます（会社法122条）。同様に，株券不発行会社の登録株式質権者も，登録事項証明書の交付あるいは電磁的記録の提供を請求することができます（会社法149条）。

　したがって，特に，株券不発行会社では，株主名簿を備え置くことが強く求められます（株主名簿の記載例参照）。

　なお，全ての株式会社は，株主名簿をその本店（株主名簿管理人がある場合にあっては，その営業所）に備え置く必要があります（会社法125条1項）。

【株主名簿の記載例】

\	\	東京ＡＢＣ株式会社の株主名簿			
	氏　　名	住　　　　所	株式数	株式取得日	役職名又は他の株主等との関係
1	甲野一郎	〒000-0000東京都○○区□□○丁目○番○号	普通株式100株	令和○年○月○日	代表取締役
2	乙野次郎	〒000-0000東京都○○区□□○丁目○番○号	普通株式100株	令和○年○月○日	取締役
3	丙野三郎	〒000-0000東京都○○区□□○丁目○番○号	普通株式100株	令和○年○月○日	甲野一郎の実弟

⑶ **株式譲渡の方法及び対抗要件**

ア 株券不発行会社の株式（振替株式を除く。）の場合

　株券不発行会社の株式（振替株式を除く。）は，民法の一般原則により，当事者の意思表示（契約）によって譲渡することができますが，株式会社その他の第三者にその譲渡を対抗するには，会社に請求して株式取得者（譲受人）の氏名・名称及び住所を株主名簿に記載・記録させる必要があります（会社法130条１項，133条１項）。これを「株主名簿の名義書換え」といいます。

イ 株券発行会社における株式の場合

　株券発行会社における株式の譲渡は，当事者間だけでなく対会社間においても当該株式に係る株券を交付しなければ効力を生じません（会社法128条１項本文。ただし，自己株式の処分による譲渡の場合は効力発生要件ではない（同項ただし書）。）。

　そして，株券発行会社における株券の交付は，株式譲渡の効力発生要件であるとともに，株式会社以外の第三者に対する対抗要件にもなります。

　しかし，株式会社に株式譲渡を対抗するには，株主名簿の名義書換えが必要です（会社法130条２項）。ただし，株券不発行会社の場合と異なり，譲受人は株券を会社に提示すれば単独で名義書換請求ができ，名義株主と共同でする必要はありません（会社法133条２項，会社法施行規則22条２項１号）。これは，株券の占有者は適法な権利者であると推定されるからです（会社法131条１項）。

ウ 株主名簿の名義書換え方法（当事者の共同請求が原則）

　株主名簿の名義書換えは，原則として「株式取得者」と「名簿上の株主又はその一般承継人」とで共同してする必要があります。ただし，①株券不発行会社においては，法務省令（会社法施行規則22条１項各号の11項目（例えば，株式取得者が所定の確定判決を得，その判決内容を証する書面等を提供したとき等））に定める場合は，株式取得者が単独請求できるし，また，②株券発行会社（本定款の場合）においては，法務省令（会社法施行規則22条２項各号の６項目（例えば，株式取得者が株券を提示して請求をした

とき等))に定める場合には，利害関係人の利益を害するおそれがない
ものとして，株式取得者が単独で名義書換請求ができます（会社法133
条2項，会社法施行規則22条1項・2項）。

公開会社と非公開会社，大会社と非大会社の違い等

(1)　会社法の下では，「公開会社」と「非公開会社（株式譲渡制限会社）」とに分かれるということですが，この違い等について説明してください。

(2)　会社は，譲渡制限株式の相続人から強制的に株式を取得することができるように定款で定めることができますか。

(3)　「大会社」と「それ以外の会社（非大会社）」の違いについても説明してください。

A

(1)　非公開会社とは，株式譲渡制限会社ともいわれ，発行する全部の株式について譲渡制限が付されている株式会社のことをいいます。

　これに対し，公開会社は，発行する株式の全部又は一部に譲渡制限を設けていない株式会社のことをいいます。

　我が国の会社の多くは非公開会社です。したがって，少人数の株主から成る会社を設立しようとするときは，非公開会社でよいと思われます。

(2)　できます。その趣旨は，相続等により会社にとって好ましくない者が会社の譲渡制限株式を取得して会社を支配することを防ぐためです。

(3)　大会社とは，資本金が5億円以上又は負債総額が200億円以上の株式会社のことです。大会社以外の会社を，一般に「非大会社」といいます。

【公開会社と非公開会社の違い】

非公開会社（株式譲渡制限会社）	⟹	全部の株式に譲渡制限が付されている会社
公開会社	⟹	非公開会社以外の会社

【譲渡制限株式の相続人に対する売渡請求権の定款の定めの可否】

・定款で定めることが可
・その趣旨は，会社にとって好ましくない者が譲渡制限株式を取得して会社を支配することを防ぐため

【大会社と非大会社の違い】

大会社	⇒	資本金5億円以上又は負債総額200億円以上の会社
それ以外の会社（非大会社）	⇒	大会社以外の会社

解　説

1　公開会社と非公開会社

(1)　公開会社と非公開会社の違い

　非公開会社とは，株式譲渡制限会社ともいわれ，発行する全部の株式について譲渡制限が付されている株式会社のことをいいます。これに対し，公開会社は，発行する株式の全部又は一部に譲渡制限を設けていない株式会社のことをいいます（会社法2条5号）。

　すなわち，発行株式の全部に譲渡制限が付されている会社が非公開会社であり，それ以外の会社が公開会社ということになります。そのため，1株でも譲渡制限が付されていない会社は，公開会社となります。

　我が国の株式会社の多くは非公開会社であるといわれています。したがって，少人数の株主から成る会社を設立しようとするときは，非公開会社でよいと思われます。

(2)　公開会社と非公開会社における機関設計等の具体的な相異点

　両会社の機関設計等の相異点を表にしますと，以下のようになります。

項　目	非公開会社（株式譲渡制限会社）	公開会社
機関設計	①　**株主総会**のほか，**取締役1人以上**の設置のみで可（取締役会や監査役の設置は不要）（会社法326条1項） ②　ただし，取締役会✄や監査役等は任意設置可（同条2項）	**株主総会**のほか，**取締役会と監査役1人**以上の設置が最小限必要（会社法327条1項1号・2項）
取締役の任期	原則2年，**最長10年まで伸長可**（会社法332条1項・2項）	原則2年（短縮は可，伸長は不可）（会社法332条1項）
監査役の任期	原則4年，最長10年まで伸長可（会社法336条1項・2項）	4年（伸長は不可）（会社法336条1項）

✄　取締役会を設けた場合，取締役は3人以上の設置が必要（会社法331条5項）。

(3)　非公開会社における株式譲渡の承認機関

　非公開会社においては，株式を譲渡によって取得するには当該株式会社の承認を要します（会社法107条1項1号）。そして，この場合の承認機関は，原則として，①取締役会が設置されている会社にあっては取締役会，②それ以外の会社にあっては株主総会ですが，定款の定めにより，他の機関（取締役又は代表取締役等）とすることができます（会社法139条1項）。

　なお，通常，定款で「当該会社の株主に譲渡する場合には上記承認機関の承認があったものとみなす」旨の規定を置く場合がほとんどのようです。

【株式の譲渡制限の定款記載例】

　（株式の譲渡制限）
　第○条　当会社の発行する株式の譲渡による取得については，代表取締役（又は取締役若しくは取締役会等）の承認を受けなければならない。ただし，当会社の株主に譲渡する場合は承認したものとみなす。

2　譲渡制限株式の相続人に対する売渡請求───────────•

(1)　相続人に対する売渡請求権の定款の定め

　会社は，相続その他の一般承継により当該株式会社の譲渡制限の付され
た株式を取得した者に対し，当該株式をその株式会社に売り渡すことを請
求できる旨を定款で定めることができます（会社法174条）。

　これは，相続その他の一般承継により会社にとって好ましくない者が会
社の譲渡制限株式を取得して会社を支配することを防ぐ趣旨です。

【相続人等に対する売渡請求の定款記載例】

　（相続人等に対する売渡請求）

第○条　当会社は，相続，合併その他の一般承継により当会社の譲渡制限
　　　　の付された株式を取得した者に対し，当該株式を当会社に売り渡すこ
　　　　とを請求することができる。

---

(2)　会社の売渡請求の方法

ア　売渡請求期限

　　売渡請求をするときは，会社が相続などの一般承継を知った日から
　1年以内に，その都度株主総会の特別決議☞によって，①請求をする
　株式の数（種類株式発行会社にあっては，株式の種類及び種類ごとの数）及び
　②その所有者の氏名又は名称を定めた上，その取得者に対して①を明
　らかにして請求しなければなりません（会社法175条1項，176条1項，309
　条2項3号）。会社はいつでもこの請求を撤回することができます（会
　社法176条3項）。

　　☞　この総会の特別決議には，売渡請求の対象となる株式の取得者は，原則
　　　　として議決権を行使することはできません（会社法175条2項）。

イ　売買価格

　　売買価格は，会社と譲渡制限株式の一般承継者との協議により定め
　ます。ただし，両者はいずれも売渡請求の日から20日以内に，裁判所
　に対し，売買価格の決定の申立てをすることができ，裁判所は，会社

の資産状態その他一切の事情を考慮して売買価格を決定します。20日以内に裁判所に対する申立てがなされない場合は，その期間内に協議が調った場合を除き，売渡請求は失効します（会社法177条）。

ウ 財源規制

分配可能額（配当可能利益）を超える買取りはできません（会社法461条1項5号）。

3 大会社とそれ以外の会社（非大会社）の違い ──────────•

大会社とは，資本金が5億円以上又は負債総額が200億円以上の株式会社のことをいい，また，大会社以外の会社を，一般に「非大会社」といいます（会社法2条6号。なお，旧商法の「大会社」,「中会社」,「小会社」,「みなし大会社」の区別は廃止）。

「大会社」と「非大会社」における機関設計上の相異点としては，会社法の下では，大会社には会計監査人の設置が義務付けられるなどの違いがあります（会社法328条等）。

第4 会社の機関設計に関する事項

Q13 機関設計の選択方法

　　株式会社を設立する際の機関設計には，どのようなものが
ありますか。

A 　会社の機関をどのように定めるかは，会社経営上重要な問題です。
　　会社法では，利用者の視点に立ち規制緩和を図る観点から，多種
多様な機関設計が認められており，定款の記載事項とされています。
　　非公開会社の中小企業において，一般的に採用されている機関設
計は，以下のもののようです。その中でも多いのは，①と③の機関
設計のようです。
　　最も簡易な機関設計は，非公開会社における株主総会と取締役1
人の設置です。

【非公開会社の中小企業で一般的に採用されている機関設計】

①	株主総会＋取締役
②	株主総会＋取締役＋監査役
③	株主総会＋取締役会＋監査役

解　説

1 会社の機関設計の多様化・柔軟化

　会社の機関をどのように定めるかは，会社経営上重要な問題です。
　会社の機関設計は，会社の規模，会社にかかるコスト及び内部統制シス
テムの構築等を考慮しながら決定することになります。会社法では，利用
者の視点に立ち規制緩和を図る観点から，多様な機関設計が認められてい
ます。

　例えば，非公開会社では，株主総会と取締役1人の設置のみでよいですが，他方，非公開会社かつ非大会社（大会社でない会社）においても，大会社並みの機関設計（例えば，株主総会＋取締役会＋監査役会＋会計監査人＋会計参与）が可能です。

　これら機関設計の選択は，利用者に委ねられているわけであり，機関設計は大幅に自由化され柔軟性が認められています。

2　**選択可能な機関設計**

　選択可能な機関設計は，以下のとおりであり，多種多様な機関設計が可能です。これらの機関設計は，定款で定め（会社法326条2項），登記を要する事項とされています（会社法911条3項13号～23号参照）。

　なお，どの機関設計においても，株主総会と取締役が必置機関です。

(1)　非公開会社かつ非大会社の場合

①	株主総会＋取締役〔＋会計参与〕
②-1	株主総会＋取締役＋監査役（会計監査限定）〔＋会計参与〕
②-2	株主総会＋取締役＋監査役〔＋会計参与〕
③	株主総会＋取締役＋監査役＋会計監査人〔＋会計参与〕
④	株主総会＋取締役会＋会計参与
⑤-1	株主総会＋取締役会＋監査役（会計監査限定）〔＋会計参与〕
⑤-2	株主総会＋取締役会＋監査役〔＋会計参与〕
⑥	株主総会＋取締役会＋監査役会〔＋会計参与〕
⑦	株主総会＋取締役会＋監査役＋会計監査人〔＋会計参与〕
⑧	株主総会＋取締役会＋監査役会＋会計監査人〔＋会計参与〕
⑨	株主総会＋取締役会＋監査等委員会＋会計監査人〔＋会計参与〕
⑩	株主総会＋取締役会＋指名委員会等＋会計監査人〔＋会計参与〕

※〔　〕内に記載した機関は，設置しても設置しなくてもよい。

(2)　非公開会社かつ大会社の場合

①	株主総会＋取締役＋監査役＋会計監査人〔＋会計参与〕

②	株主総会＋取締役会＋監査役＋会計監査人〔＋会計参与〕
③	株主総会＋取締役会＋監査役会＋会計監査人〔＋会計参与〕
④	株主総会＋取締役会＋監査等委員＋会計監査人〔＋会計参与〕
⑤	株主総会＋取締役会＋指名委員会等＋会計監査人〔＋会計参与〕

※〔　〕内に記載した機関は，設置してもしなくてもよい。

(3)　公開会社かつ非大会社

①	株主総会＋取締役会＋監査役〔＋会計参与〕
②	株主総会＋取締役会＋監査役会〔＋会計参与〕
③	株主総会＋取締役会＋監査役＋会計監査人〔＋会計参与〕
④	株主総会＋取締役会＋監査役会＋会計監査人〔＋会計参与〕
⑤	株主総会＋取締役会＋監査等委員＋会計監査人〔＋会計参与〕
⑥	株主総会＋取締役会＋指名委員会等＋会計監査人〔＋会計参与〕

※〔　〕内に記載した機関は，設置してもしなくてもよい。

(4)　公開会社かつ大会社の場合

①	株主総会＋取締役会＋監査役会＋会計監査人〔＋会計参与〕
②	株主総会＋取締役会＋監査等委員＋会計監査人〔＋会計参与〕
③	株主総会＋取締役会＋指名委員会等＋会計監査人〔＋会計参与〕

※〔　〕内に記載した機関は，設置しても設置しなくてもよい。

3　非公開会社の中小企業で一般的に採用されている機関設計──•

　一般の中小企業で採用されている機関設計は，上記解答（A）の表のもののようです。その中でも多いのは，①「株主総会＋取締役」と③「株主総会＋取締役会＋監査役」の機関設計のようです。

会社法における株式会社の機関設計の原則

会社法には，株式会社の機関設計についての基本原則が規定されています。

　会社法に規定されている株式会社の機関設計の基本ルールは，以下のとおりです。
(1)　全ての株式会社は，株主総会と取締役が必置機関である（会社法295条，326条1項）。
(2)　公開会社，監査役会設置会社，監査等委員会設置会社及び指名委員会等設置会社⟲では，取締役会が必置機関である（会社法327条1項）。

　　　⟲①　監査等委員会設置会社とは，監査等委員会を置く株式会社のことをいう（会社法2条11号の2）。
　　　　②　指名委員会等設置会社とは，指名委員会，監査委員会及び報酬委員会を置く株式会社のことをいう（会社法2条12号）。

(3)　取締役会設置会社（監査等委員会設置会社及び指名委員会等設置会社を除く。）は，監査役⟲1）が必置機関。ただし，非公開会社では，会計参与⟲2）の設置でこれに代えることができる（会社法327条2項）。

　　　⟲1）　監査役の権限には，①会計監査（計算書類等を監査して監査報告書を作成）と②業務監査（取締役の職務執行が法令・定款に適合しているか否かの監査）があるが，非公開会社（監査役会設置会社及び会計監査人設置会社は除く。）は，定款でもって，監査役の権限を会計監査に限定できる（会社法381条，389条）。
　　　⟲2）　会計参与とは取締役（指名委員会等設置会社では執行役）と共同して，計算書類等を作成する者をいい，公認会計士・監査法人又は税理士・税理士法人のみが会計参与になれる（会社法333条1項，374条1項）。

(4)　監査等委員会設置会社及び指名委員会等設置会社は，監査役（監査役会を含む。）を置いてはならない（会社法327条4項）。
(5)　非取締役会設置会社には，監査役会，監査等委員会及び指名委員会等を置くことができない（会社法327条1項）。
(6)　会計監査人設置会社⟲では，監査役（監査役会を含む。），監査等委員会又は指名委員会のいずれかを置くことを要する（会社法327条3項）。
　　　また，大会社であって公開会社（監査等委員会設置会社及び指名委員会等設置会社を除く。）では，監査役会及び会計監査人を置くことを要する（会社

法328条）。

　なお，公開会社でない大会社は，会計監査人を置くことを要する（会社法328条2項）。

　🖝　会計監査人とは，会社の外部から計算書類等の監査（会計監査）をする者をいい，公認会計士又は監査法人のみが会計監査人になれる（会社法337条1項，396条）。そして，会計監査人を置く株式会社を会計監査人設置会社という（会社法2条11号）。

(7)　会計監査人を設置しない場合には，監査等委員会及び指名委員会等を置くことができない（会社法327条5項）。

(8)　全ての株式会社は，任意に会計参与を置くことができる（会社法326条2項）。

14 取締役会を設置すべきか，取締役の資格に制限はあるか

(1)　取締役会設置会社と非取締役会設置会社の違いはどのような点にありますか。

(2)　取締役の選任・解任の方法，及び取締役の選任についての累積投票制度について教えてください。

(3)　定款で取締役を株主に限ることはできますか。また，取締役の資格に制限がありますか。

(4)　取締役（又は代表取締役）と設立時取締役（又は設立時代表取締役）との関係について説明してください。

A

(1)　取締役会設置会社と非取締役会設置会社の主な違いは，前者は，取締役が3人以上必要であり，株主総会の決議事項も会社法及び定款で定めた事項に限定されるのに対し，後者は，取締役が1人で足り，株主総会の決議事項は全ての事項にわたるなどの点です。したがって，非取締役会設置会社は，少人数の株主で構成された小規模な会社を想定していると考えられます。これに対し，取締役会設置会社は，一般に相当数な株主が存在し，株主総会を容易に開催できないような会社が想定されていると思われます。

(2)　取締役の選任及び解任は，定款に特別の定めがある場合を除き，株主総会の普通決議で行います。

　　累積投票制度とは，複数の取締役を同時に選出する場合，各株主は1株につき選任すべき取締役の数と同数の議決権を有し，その議決権を1人のみに集中し，又は2人以上に分散して行使することを選択することができ，この結果，投票数の多数を得た者から順次取締役に選任するという制度です。この制度は，少数株主の意思を取締役の選任に反映させようとするものですが，小規模の会社では経営の不安定化を招く要因ともなり得るので，非公開会社の中小企業においては，この累積投票制度を定款で排除してもよいでしょう。

(3)　公開会社は，定款によっても取締役を株主に限るとすることは

できませんが，非公開会社は，定款で取締役を株主に限ることは可能です。

　また，法人は，取締役になれません（なお，改正前会社法上，成年被後見人及び被保佐人も取締役の資格を有しないが，新会社法では，これらの者は，一定の要件の下で，取締役に就任できることになった。）。

(4)　設立時取締役とは，株式会社の設立に際して取締役となる者を，設立時代表取締役とは，株式会社の設立に際して代表取締役となる者をいいます。

　設立時取締役，設立時代表取締役は，会社成立と同時に，それぞれ自動的に取締役，代表取締役となる関係にあります。

【取締役会設置会社と非取締役会設置会社の違い等】

取締役会設置会社	①取締役が3人以上，②株主総会の決議事項は会社法及び定款で定めた事項に限定。
非取締役会設置会社	①取締役が1人で足り，②株主総会の決議事項は全ての事項にわたる（少人数の株主で構成された小規模な会社を想定されていると思われる。）。

【取締役の選任・解任方法】

定款に特別な定めがある場合を除き，総会の普通決議

【累積投票制度】

複数の取締役を同時に選出

議決権
1人のみに集中

議決権
2人以上に分散して行使

各株主は1株につき選任すべき取締役の数と同数の議決権を有する

※非公開会社の中小会社においては累積投票制度を定款で排除してもよいと考えられる

【定款で取締役を株主に限ることの可否】

非公開会社	可	公開会社	不可

【取締役（代表取締役）と設立時取締役（設立時代表取締役）との関係】

会社成立と同時に，それぞれ自動的に取締役，代表取締役となる関係にある。

解　説

1　取締役会設置会社と非取締役会設置会社の違い

　取締役会設置会社と非取締役会設置会社とでは，取締役の員数・任期，株主総会の決議事項及びその招集手続等に大きな違いがあります（なお，会社の業務執行と代表取締役についてはQ15参照）。

(1)　取締役の員数，任期及び資格

ア　取締役会設置会社

　取締役の員数は３人以上であることを要します（会社法331条５項）。

　取締役の任期は，原則として選任後２年（監査等委員会設置会社及び指名委員会等設置会社においては１年）以内に終了する事業年度のうち最終のものに関する定時株主総会の終結の時までですが，定款又は株主総会の決議でその任期を短縮できます（会社法332条１項・３項・６項）。

　なお，非公開会社（監査等委員会設置会社及び指名委員会等設置会社を除く。）の場合には，定款で最長10年まで伸長できます（会社法332条２項。公開会社は不可）。

イ　非取締役会設置会社

　取締役の員数は１人で足ります（会社法326条１項）。

　その任期は，取締役会設置会社の場合と同じです。

　なお，非取締役会設置会社は，公開会社となることはできず，また，監査役会，監査等委員会及び指名委員会等を設置することもできません（会社法327条１項）。

【取締役の員数，任期】

	取締役会設置会社	非取締役会設置会社
員　数	3人以上	1人以上
任　期	原則2年（定款等で短縮可）。ただし，非公開会社においては，最長10年まで伸長可（公開会社は不可）。	原則2年（定款等で短縮可）。ただし，最長10年まで伸長可（公開会社にはなれない）。

(2)　株主総会の決議事項及びその招集手続

ア　取締役会設置会社

　　取締役会設置会社における株主総会は，会社法に規定する事項及び定款で定めた事項に限り，決議をすることができます（会社法295条2項）。

　　なお，株主総会の招集通知の関係については，会社法299条に規定があり，非取締役会設置会社の場合よりも，招集手続が厳格化されています（下表参照）。

イ　非取締役会設置会社

　　非取締役会設置会社における株主総会は，会社法に規定する事項及

【総会の決議事項及びその招集通知の関係】

	取締役会設置会社	非取締役会設置会社
株主総会の決議事項	会社法及び定款で定めた事項	全ての事項
株主総会の招集通知	2週間前までに発出（ただし，非公開会社は1週間前まで）	1週間前（定款で更に短縮可）までに発出
	書面又は電磁的方法による通知	口頭でも可能
	会議の目的事項の記載・記録が必要	会議の目的事項の記載・記録が不要

　　☞　非公開会社では，取締役会設置会社でも，非取締役会設置会社でも，書面投票・電子投票を認めるときは2週間前までに総会の招集通知を発する必要があり，また，この場合，招集通知は書面又は電磁的方法によることを要する上に，当該通知には会議の目的事項を記載・記録することを要します（会社法299条）。

び株式会社の組織，運営，管理その他株式会社に関する一切の事項について，決議をすることができます（会社法295条1項）。すなわち，全ての事項を株主総会で決議することができます。したがって，非取締役会設置会社は株主が少人数の会社を予定していると考えられます。

　なお，株主総会の招集通知の関係については，会社法299条に規定があり，非取締役会設置会社の場合には，同様に株主が少人数であることを前提に招集手続が簡略化されています。

⑶　取締役会を設置すべきかの基準

　以上のことから，非取締役会設置会社は，少人数の株主で構成された小規模な事業を実施していく会社（例えば，同族会社）を想定していると考えられます。

　これに対し，取締役会設置会社は，一般に相当数な株主が存在し，株主総会を容易に開催できないような会社が想定されていると思われます。

2　取締役の選任・解任の方法

⑴　選任・解任の決議（原則は株主総会の普通決議）

　取締役の選任及び解任は，定款に特別の定めがある場合を除き，株主総会の普通決議で行います（会社法341条）。すなわち，①議決権を行使することができる株主の議決権の過半数の株主（定款で3分の1以上と定めることが可）が出席し，②その議決権の過半数（定款でこれを上回る割合を定めることが可）の決議をもって行います（なお，代表取締役の選定については次問参照）。

　旧商法下で取締役の解任は，総会の特別決議でしたが，会社法は，株主の意向を会社経営に反映させるため，株主の利益に反する取締役の解任を容易にしました（ただし，定款で決議要件を加重することは可能である。）。

⑵　取締役の選任に関する累積投票制度

　2人以上の取締役を選任する場合，定款に別段の定めがあるときを除き，株主から株主総会の日の5日前までに累積投票による請求があった場合，累積投票によることを要します（会社法342条1項・2項）。

　この累積投票とは，複数の取締役を同時に選出する場合，各株主は1株につき選任すべき取締役の数と同数の議決権を有し，その議決権を1人の

みに集中し，又は2人以上に分散して行使することを選択することができ，この結果投票数の多数を得た者から順次取締役に選任するという制度です（同条3項・4項）。この制度は，少数株主の意思を取締役の選任に反映させようとするものですが，小規模の会社では経営の不安定化を招く要因ともなり得るので，非公開会社の中小企業においては，この累積投票制度を定款で排除してもよいと思われます。

　なお，累積投票制度によって選任された取締役は，その解任については総会の特別決議を要します（会社法342条6項，309条2項7号）。

3　取締役の資格

(1)　定款で取締役を株主に限ることは可能か（非公開会社は可能）

　公開会社は，定款によっても取締役を株主に限るとすることはできませんが，非公開会社においては株主に限定することは可能です（会社法331条2項）。

(2)　取締役の資格

　ア　改正前会社法331条1項は，取締役の欠格事由として，以下の定めをしています（なお，改正前会社法には，監査役，執行役，清算人，設立時取締役又は設立時監査役等につき，同様な欠格事由を定める規定が存在する。）。

　　　したがって，発起人と異なり，法人は取締役となることはできません。

【取締役の欠格事由（改正前会社法331条1項）】

①	法人（1号）
②	成年被後見人，被保佐人又は外国の法令上これらと同様に取り扱われている者（2号）
③	会社法，一般社団法人及び一般財団法人に関する法律に違反し，又は金融商品取引法，破産法等の罪を犯し，刑に処せられ，その執行を終わり，又はその執行を受けることがなくなった日から2年を経過しない者（3号）
④	上記③に規定する法律の規定以外の法令の規定に違反し，禁錮以上の刑に処せられ，その執行を終わるまで又はその執行を受けることがなくなるまでの者（刑の執行猶予中の者を除く。）（4号）

イ　しかし，令和元年改正の新会社法（施行日：令和３年３月１日）は，
331条１項中の２号を削除して，331条の２を新設し，成年被後見人及
び被保佐人について，一定の要件（例えば，①成年被後見人については，
成年後見人が，成年被後見人の同意（後見監督人がある場合には，成年被後見人
及び後見監督人の同意）を得た上で，成年被後見人に代理して取締役の就任を承
諾し，また，②被保佐人は，保佐人の同意を得て，取締役の就任を承諾するなど
の要件）の下で，取締役に就任できるようになりました（監査役，執行役，
清算人，設立時取締役又は設立時監査役等の就任についても，新会社法331条の２
が準用（適用）されている。）。

4　取締役（又は代表取締役）と設立時取締役（又は設立時代表取締役）との関係

旧商法下では，設立時取締役や設立時代表取締役という用語はありませ
んでした。会社法の下での新用語です。

設立時取締役とは，株式会社の設立に際して取締役となる者を（会社法
38条１項），設立時代表取締役とは，株式会社の設立に際して代表取締役と
なる者をいいます（会社法47条１項）。

設立時取締役，設立時代表取締役は，会社成立と同時に，それぞれ自動
的に取締役，代表取締役となる関係にあります。

発起設立及び募集設立のいずれの場合でも，原始定款で設立時取締役及
び設立時代表取締役を定めることができます（この点の詳細はQ22参照）。

株主総会資料の電子提供制度の新設

令和元年改正の新会社法により，株主総会資料の電子提供制度が新設されました。この電子提供制度の利用には，定款の定めが必要であり，かつ，当該定めが登記事項となります。

1　株主総会資料の電子提供制度

　令和元年改正の新会社法では，株主総会資料の電子提供制度が新設されました（新会社法325条の2～325条の7。当該各改正規定は，公布日（令和元年12月11日）から起算して3年6月以内に施行予定）。

　株主総会資料の電子提供制度は，インターネットを利用する方法による株主総会資料の提供を促進する観点から，取締役が，株主総会資料を自社のホームページ等のウェブサイトに掲載し，株主に対して，株主総会の日時・場所等最低限の情報及び当該ウェブサイトのアドレス等を書面により通知した場合には，株主の個別の承諾を得ていないときであっても，取締役が，株主に対して株主総会資料を適法に提供したものとするものです（新会社法325条の2）。

　この電子提供の対象となる株主総会資料とは，①株主総会参考書類，②議決権行使書面，③会社法437条の計算書類及び事業報告，④会社法444条6項の連結計算書類です。

　また，電子提供措置をとる場合の株主総会招集通知の発送期限は，公開会社か非公開会社かを問わず，株主総会の日の2週間前までとしています（新会社法325条の4第1項）。

　この電子提供制度の利用には，「電子提供措置をとる」旨の定款の定めが必要であり（定款の変更決議が必要。新会社法325条の2），かつ，当該定めは登記事項となります（新会社法911条3項12号の2）。

　振替株式を発行する会社（主に上場会社）では，電子提供制度の利用を義務付けられています（新社債，株式等の振替に関する法律159条の2第1項）。

　なお，書面での資料提供を希望する株主（例えば，インターネットに不慣れの株主）は，書面の交付を請求することができます（新会社法325条の5）。

2　改正前会社法上の制度との比較

　改正前会社法上における株主総会資料の提供方法と電子提供制度の違いを表にすると，以下のようになります。

株主総会資料の提供方法

	株主総会資料の提供方法
原　則	書面による提供（会社法299条2項，新会社法301条1項，会社法302条1項，437条）
株主の個別の承諾がある場合	株主の個別の承諾を得れば，当該株主に対し，インターネットの利用による株主総会資料の提供が可能（会社法299条3項，301条2項，302条2項，会社法施行規則133条2項，会社計算規則133条2項等）
Web開示によるみなし提供制度（※1）	Web開示によるみなし提供制度も，実質的にインターネットを利用する方法による提供制度であるが（会社法施行規則94条1項・2項，133条3項〜5項，会社計算規則133条4項〜6項，134条4項〜6項），株主総会参考書類のうち，①「議案」，②「事業報告に表示すべき事項を株主総会参考書類に記載することとしている場合における一定の事項」等（会社法施行規則94条1項各号）については，この制度の利用が不可
電子提供制度の新設（※2）	・取締役が，①株主総会資料を自社のホームページ等のウェブサイトに掲載し，②株主に対しては，株主総会の日時・場所等最低限の情報及び当該ウェブサイトのアドレス等を書面により通知した場合には，株主の個別の承諾を得ていないときであっても，取締役は，株主に対して株主総会資料を提供できる制度（新会社法325条の2〜325条の7） ・振替株式を発行する会社（主に上場会社）には，電子提供制度の利用を義務付ける

※1）の制度の利用には，定款の定めが必要。
※2）この制度の利用には，定款の定めが必要，かつ，当該定めは登記事項である。

取締役の欠格事由

　法人は取締役になることはできませんが，破産手続開始決定を受け復権していない者は取締役になることができます。また，令和元年改正の新会社法により，成年被後見人及び被保佐人についても，一定の要件の下で，取締役に就任できるようになりました。

1　会社法における取締役の欠格事由

　改正前会社法331条1項は，取締役の欠格事由として，①法人（1号），②成年被後見人，被保佐人又は外国の法令上これらと同様に取り扱われている者（2号），③会社法，一般社団法人及び一般財団法人に関する法律に違反し，又は金融商品取引法，破産法等の罪を犯し，刑に処せられ，その執行を終わり，又はその執行を受けることがなくなった日から2年を経過しない者（3号），④上記③に規定する法律の規定以外の法令の規定に違反し，禁錮以上の刑に処せられ，その執行を終わるまで又はその執行を受けることがなくなるまでの者（刑の執行猶予中の者を除く。）（4号）の4つの事由を規定しています。

　しかし，令和元年改正の新会社法（施行日：令和3年3月1日）は，331条1項中の2号を削除して，331条の2を新設し，成年被後見人及び被保佐人について，一定の要件（例えば，①成年被後見人については，成年後見人が，成年被後見人の同意（後見監督人がある場合には，成年被後見人及び後見監督人の同意）を得た上で，成年被後見人に代理して取締役の就任を承諾し，また，②被保佐人は，保佐人の同意を得て，取締役の就任を承諾するなどの要件）の下で，取締役に就任できるようになりました（監査役，執行役，清算人，設立時取締役又は設立時監査役等の就任についても，新会社法331条の2が準用（適用）されている。）。

2　「法人」の取締役（不可）

　旧商法では法人を取締役に選任できるかの規定を置いていませんでしたが，通説は消極に解していました。しかし，発起人には法人もなれますし（Q3参照），また，外国では法人も取締役になれるとする法制もあることから，有力説は，法人の取締役を認めることに理論的障害は少ないとして

いました（ちなみに，遺言執行者には，法人もその事業目的に反しない限りな
れると解されている。）。

　この点について，会社法は明文をもって通説を支持し，法人の取締役を
認めないことにしたわけです。

３「破産手続開始決定を受け復権していない者」の取締役（可）

　旧商法では，破産手続開始決定を受け復権していない者は取締役になれ
ませんでした（旧商法254条の２第２号）。しかし，会社法は，これを欠格事
由から除きました。その理由は，債務者にできるだけ早く経済的更生の機
会を与えることが国民経済上も有益であるという考えに基づきます。

　ところで，会社と取締役との関係は，民法上の委任に関する規定に従い
ます（会社法330条）ので，破産手続開始の決定は民法上の委任の終了事由
となり（民法653条２号），会社法下においても，破産手続開始の決定を受
けた取締役は，その地位を失うことになります。

　会社法は，このように地位を失った者をその復権前に，改めて取締役に
選任される道を開いたわけです。

業務執行と代表取締役

(1)　取締役会設置会社と非取締役会設置会社との間で，会社
　　の業務執行の決定方法に違いはありますか。
(2)　両者の間で代表取締役の選定方法に違いはありますか。

A　(1)　取締役会設置会社では，業務執行の決定を取締役会が行うのに
　　　対し，非取締役会設置会社では，原則として取締役が業務の決定
　　　を行います。
　(2)　取締役会設置会社では，代表取締役は取締役会が取締役の中か
　　　ら選定されるのに対し，非取締役会設置会社では，各取締役が代
　　　表取締役となるのが原則です。
　　　なお，両者の主な違いを表にすると，以下のようになります。

【会社の業務執行及び代表機関】

	取締役会設置会社	非取締役会設置会社
会社の業務執行	・取締役会が業務執行を決定する。 ・取締役は取締役会の構成員にすぎない。	・各取締役が業務執行を行うのが原則（各自代表の原則）。 ・取締役が2人以上の場合は取締役の過半数で決定するのが原則。
代表取締役の選定	取締役会が代表取締役を選定する。	(1)　代表取締役を定めない場合 　→各取締役が代表取締役となる。 (2)　代表取締役を定める場合 　→①定款の定め，②定款の定めに基づく取締役の互選，③株主総会の決議のいずれか方法により選定する。

解　説

1　会社の業務執行の決定方法の違い

　取締役会設置会社と非取締役会設置会社との間では，以下のように，前
者では業務執行の決定を取締役会が行うのに対し，後者では，原則として
取締役が業務の決定を行います。

⑴ **取締役会設置会社**

 取締役会が会社の業務執行の決定を行います（会社法362条2項1号）。各取締役は取締役会の構成員にすぎません（会社法362条1項）。

 また，取締役会は，上記の業務執行の決定のほか，取締役の職務の執行の監督及び代表取締役の選定及び解職をその職務とします（会社法362条2項2号・3号）。

⑵ **非取締役会設置会社**

 会社の業務執行は，定款で別段の定めをしない限り，各取締役が行うことになります（会社法348条1項）。

 取締役が2人以上ある場合は，定款で別段の定めをしない限り，会社の業務は，取締役の過半数をもって決定することになります（会社法348条2項）。

2 代表取締役の選定方法の違い

 取締役会設置会社と非取締役会設置会社との間では，以下のように，前者では代表取締役は取締役会が取締役の中から選定されるのに対し，後者では，各取締役が代表取締役となるのが原則です。🍃

> 🍃 会社法は，機関の選任・解任につき，①取締役，会計参与，監査役等については「選任」，「解任」の用語を用い，②代表取締役，代表執行役等については「選定」，「解職」の用語を用いています。

⑴ **取締役会設置会社**

 ア 代表取締役の選定方法

　取締役会は，取締役の中から代表取締役を選定し（会社法362条3項），代表取締役が業務を執行し，会社を代表します。すなわち，代表取締役は，会社の業務に関する一切の裁判上又は裁判外の行為をする権限を有し（会社法349条4項），これらの権限に制限を加えた場合，善意の第三者に対抗することができません（同条5項）。

　なお，日常業務の決定は，取締役会が常置機関でないことから，取締役会から代表取締役に委任することは認められますし，明文の取決めがないとしても，通常，当然に委任されたものと推定すべきものと

考えられます。

イ　複数の代表取締役の選定

代表取締役の員数については法律上の制限がないので，取締役会で複数の代表取締役を選定することができます。この場合，代表取締役各自が代表権を有します。

なお，旧商法下では，代表取締役が共同して会社を代表すべき旨を定めることができましたが（旧商法261条2項），会社法の下では廃止されました。しかし，共同代表を禁止する規定はありませんので，定款等により，共同代表の定めをすることはできますが，この定めは代表権の内部統制にすぎず，善意の第三者に対抗することができません（この共同代表の点は，非取締役会設置会社の場合も同様である。なお，後述コーヒータイム4参照）。

(2)　非取締役会設置会社

代表取締役を定めない場合には，各取締役が代表取締役となります（「各自代表の原則」。会社法349条1項本文・2項。なお，設立時取締役が1人の場合でも同人が商業登記上，代表取締役となるので，原始定款で当該取締役を設立時代表取締役とすることができる。）。これに対し，代表取締役を定める場合には，①定款，②定款の定めに基づく取締役の互選，又は③株主総会の決議によって取締役の中から代表取締役を選定することになります（会社法349条3項）。

共同代表制度の廃止と定款

　共同代表取締役制度が廃止され，登記事項ではなくなりましたが，会社法下においても，定款等により共同代表の定めをすることはできます。ただし，この定めは，善意の第三者に対抗することができないので，注意を要します。

1　共同代表制度の廃止の理由等

　旧商法下では，数人の代表取締役が共同して会社を代表すべき旨を定めることができ（旧商法261条2項），この定めが登記事項とされていました（旧商法188条2項9号）。

　この共同代表制度の趣旨は，代表権の濫用を防止するためのもので，これを登記に公示することによって取引の安全を図ろうとしたわけです。

　しかし，現実に共同代表の定めが登記されることは稀で，しかも，いったん登記されると，第三者が正当な事由によってこの定めを知らない場合を除き，善意の第三者にも対抗でき（旧商法12条，会社法908条1項），単独代表権を有すると信頼した取引の相手方との間で紛争の原因となることが多いと指摘されていました。

　そこで，会社法では，この共同代表制度を廃止し，これを登記事項から排除することにしました。したがって，会社法施行前に共同代表取締役として登記されていた会社についても，会社法施行日以降は登記事項ではなくなりました。これらの共同代表を廃止する登記は，登記官が職権で行いました（共同代表執行役及び共同支配人についても同様に職権で廃止登記がされた。）。

2　会社法における共同代表についての理解

　会社法においては，代表取締役は，会社の業務に関する一切の裁判上又は裁判外の行為をする権限を有し（会社法349条4項），これらの権限に制限を加えた場合，善意の第三者に対抗することができないと規定されています（同条5項）。

　そこで，会社法下においては，旧商法下の共同代表制度が廃止されたといえるわけですが，その反面，共同代表を禁止する規定もありませんので，定款等により，共同代表の定めをすることは差し支えないものと考え

られています。ただ，この定めは代表権の内部的制限にすぎず，善意の第三者に対抗することはできません。

　したがって，会社経営者は，共同代表の定めが登記事項ではなくなり，定款にこの定めを設けたとしても，善意の第三者に対抗することができないことを明確に認識しておく必要があると思われます。

監査役を設置すべきか

(1)　監査役はどのような仕事をするのですか。

(2)　監査役の権限内容は，公開会社と非公開会社との間で異なりますか。

(3)　非取締役会設置会社（非公開会社）である中小企業においては，監査役を設置すべきですか。

A　(1)　監査役とは，取締役（会計参与設置会社では取締役及び会計参与）の職務の執行を監査し，その結果に基づいて監査報告を作成する職務を行う者をいいます。

　　監査役は本来任意の機関ですが，取締役会設置会社（監査等委員会設置会社及び指名委員会等設置会社を除く。）においては，非公開会社で会計参与設置会社を除き，監査役が必置機関となります。なお，監査役の任期，員数，資格等については下記の表を参照してください。

(2)　監査役は，原則として，会計監査権限（計算書類等の監査権限）と業務監査権限（取締役の職務執行が法令・定款に適合しているか否かの監査権限）を有します。ただし，非公開会社（監査役会設置会社及び会計監査人設置会社を除く。）は，定款により会計監査に限定することができます（この限定された権限の監査役を一般に「会計監査限定監査役」という。）。

(3)　非取締役会設置会社（特に非公開会社の中小企業）で小規模な会社においては，監査役をあえて設置する必要はないものと思われますし，これを設置する場合でも，会計監査権限に限定してもよいと思われます。

　　実際に，このような会社では，監査役を設置することは少ないようです。

【監査役の職務，員数，任期等】

職　　務	取締役（会計参与設置会社では取締役及び会計参与）の職務の執行を監査し，監査報告を作成すること。	
員　　数	原則として制限なし（ただし，監査役会設置会社は，監査役3人以上で，かつそのうちの半数以上が社外監査役であることを要する。）。	
資　　格	①法人等はなれず。②非公開会社においては監査役を株主に限定することが可能。	
任　　期	原則4年（定款等で短縮不可）。ただし，非公開会社においては，最長10年まで伸長可（公開会社は不可）。	
会計参与，会計監査人との違い	監査役	会社の内部機関として計算書類の監査。
	会計参与	会社の内部機関として計算書類の作成。
	会計監査人	会社の外部機関として計算書類の監査。

【監査役の権限】

原則	会計監査権限及び業務監査権限の双方を有する。
例外	非公開会社（監査役会設置会社及び会計監査人設置会社を除く。）は，定款により会計監査に限定可。

【非取締役会設置会社（特に非公開会社の中小企業）における監査役設置の要否】

- ・小規模の会社では，監査役をあえて設置する必要はないものと思われる。
- ・監査役を設置する場合でも，会計監査権限に限定してよいと思われる。

解　説

1　監査役とは（その員数，資格，任期）

(1)　監査役とは

　監査役とは，取締役（会計参与設置会社では取締役及び会計参与）の職務の執行を監査し，その結果に基づいて監査報告を作成する職務を行う者をいいます（会社法381条1項）。

　監査役は本来任意の機関ですが（会社法326条2項），取締役会設置会社（監

査等委員会設置会社及び指名委員会等設置会社を除く。）においては，非公開会社で会計参与設置会社を除き，監査役が必置機関となります（会社法327条2項）。また，非取締役会設置会社であっても，会計監査人設置会社（監査等委員会設置会社及び指名委員会等設置会社を除く。）では監査役が必置機関となります（同条3項）。

　監査役は独任性の機関であり，たとえ数人の監査役がいる場合であっても，各自が独立して監査権限を行使します。

　監査役は，株主総会の普通決議によって選任されます（会社法329条1項）。なお，監査役の権限内容については，後記2を参照してください。

(2)　員　数

　監査役の員数は，監査役会設置会社（監査役3人以上で，かつそのうちの半数以上は社外監査役であることを要する。）を除き，制限はありません（会社法335条3項）。

(3)　資　格

　ア　監査役の資格は，改正前会社法上，取締役の資格の規定（改正前会社法331条1項・2項）が準用されています（同法335条1項）。すなわち，改正前会社法上，監査役は，取締役同様に，①法人（同法331条1項1号），②成年被後見人，被保佐人又は外国の法令上これらと同様に取り扱われている者（同項2号），③会社法，一般社団法人及び一般財団法人に関する法律に違反し，又は金融商品取引法，破産法等の罪を犯し，刑に処せられ，その執行を終わり，又はその執行を受けることがなくなった日から2年を経過しない者（同項3号），④上記③に規定する法律の規定以外の法令の規定に違反し，禁錮以上の刑に処せられ，その執行を終わるまで又はその執行を受けることがなくなるまでの者（刑の執行猶予中の者を除く。）（同項4号）の場合が欠格事由となっています（改正前会社法331条1項を準用する335条1項）。

　　しかし，令和元年改正の新会社法（施行日：令和3年3月1日）は，331条1項中の2号を削除して，331条の2を新設し，成年被後見人及び被保佐人について，一定の要件（例えば，①成年被後見人については，成年後見人が，成年被後見人の同意（後見監督人がある場合には，成年被後見人

及び後見監督人の同意）を得た上で，成年被後見人に代理して取締役の就任を承諾し，また，②被保佐人は，保佐人の同意を得て，取締役の就任を承諾するなどの要件）の下で，取締役に就任できるようになり，この規定は，新会社法335条1項により監査役にも準用されています。

イ　また，非公開会社においては監査役を株主に限定することが可能です（公開会社は不可。新会社法335条1項，会社法331条2項）。

さらに，監査役は，①株式会社・その子会社の取締役・支配人その他の使用人又は②当該子会社の会計参与・執行役を兼ねることができません（会社法335条2項）。

(4)　任　期

任期は，原則4年（選任後4年以内に終了する事業年度のうち最終のものに関する定時株主総会の終結の時まで）です（定款等でその任期の短縮不可。会社法336条1項）。

なお，非公開会社の場合には，定款で最長10年まで伸長できます（公開会社は不可。会社法336条2項）。

(5)　会計参与，会計監査人との違い

監査役は，会社の内部機関ですが，計算書類は作成せず，その監査等を行うことを職務とします。

これに対し，会計参与は，会社の内部機関として取締役又は執行役と共同して計算書類等（貸借対照表，損益計算書等）の作成をすることを職務とします（会社法374条1項前段・6項）。

また，会計監査人は，会社の外部から計算書類の監査をすることを職務とします（会社法396条。なお，会計監査人は，大会社，監査等委員会設置会社及び指名委員会等設置会社では必置機関です（会社法327条5項，328条）。）。

2　監査役の権限等

(1)　監査役の権限

監査役は，原則として，会計監査権限（計算書類等の監査権限）と業務監査権限（取締役の職務執行が法令・定款に適合しているか否かの監査権限）を有します（会社法381条）。ただし，非公開会社（監査役会設置会社及び会計監査人設

置会社を除く。）は，定款により会計監査に限定することができます（会社法
389条１項。この限定された権限の監査役を，一般に「会計監査限定監査役」という。）。

　しかも，平成26年改正会社法（平成27年５月１日施行）により，監査役の
権限を会計監査権限に限定する旨の定款の定めは登記事項になりました
（会社法911条３項17号イ）。

　ところで，監査役設置会社とは，監査役を置く株式会社（その監査役の監
査の範囲を会計に関するものに限定する旨の定款の定めがあるものを除く。）又は会
社法の規定により監査役を置かなければならない株式会社をいいます（会
社法２条９号）。したがって，定款で監査役の権限を会計監査に限定してい
る会社は，監査役設置会社とみなされないことになりますが，登記事項の
場合等において，個別に監査役設置会社に含まれる扱いをしている場合が
あるので，注意を要します（会社法38条３項２号，436条１項，911条３項17号等。
例えば，監査役の権限が会計監査に限定されている場合でも，監査役設置会社である旨
の登記がされる（会社法911条３項17号柱書参照）。）。

　なお，監査役の権限が会計監査に限定されている場合には，監査役設置
会社（会社法２条９号）ではないので，会社法426条１項の規定に基づく取
締役等による責任の一部免除の規定を定款に置くことができないことにな
ります（Q24の定款記載例中の参考３「取締役会設置会社の定款記載例」第38条参照）。

(2)　監査役会設置会社

　監査役会設置会社とは，監査役会を置く株式会社又は会社法の規定によ
り監査役会を置かなければならない株式会社をいいます（会社法２条10号）。

　監査役会の構成は，監査役が３名以上で，そのうち半数以上が社外監査
役でなければならず（会社法335条３項），監査役会は監査役の中から常勤の
監査役を選定する必要があります（会社法390条３項）。そして，監査役会設
置会社は，取締役会の設置が必要であるため（会社法327条１項２号），一般
に大規模な会社を想定しているものと考えます。

3　監査役を設置すべきか─────────────────────•

　旧商法下の株式会社においては，監査役は必置機関でしたが，旧有限会
社法（平成18年５月１日廃止）下の有限会社においては，取締役会制度が存

在せず，取締役が1名でもよく，監査役は任意設置機関で会計監査権限の
みを有しました。

　したがって，非取締役会設置会社（特に非公開会社の中小企業）で小規模な
会社においては，監査役をあえて設置する必要はないものと思われますし，
これを設置する場合でも，会計監査権限に限定してよいものと思われます。

　実際に，このような会社では，監査役を設置することは少ないようです。

　なお，監査役の権限を会計監査権限に限定する場合の定款の記載例は，
以下のとおりです。

（監査の範囲）🔖
第○条　監査役の監査の範囲は，会計に関するものに限定する。

🔖　監査役の権限を，会計監査権限に限定する場合の定款の定めは，登記事
　　項です。

17 会計参与を設置すべきか

(1) 会計参与はどのような仕事をするのですか。

(2) 非公開会社の中小企業において会計参与を設置するメリット・デメリットはどのような点ですか。

A (1) 会計参与とは，取締役（指名委員会等設置会社では執行役）と共同して，計算書類等（貸借対照表，損益計算書等）を作成する者をいいます。

　　会計参与の任期，員数，資格等については下記の表を参照してください。

(2) 中小企業で会計参与を設置する主なメリット・デメリットを表にしますと，下記の表のようになります。

　　このようなメリット・デメリットを勘案して，会計参与を設置すべきかどうかを決めるべきですが，現段階では中小企業で会計参与を設置している会社は少ないようです。

【会計参与の職務，員数，任期等】

職務	取締役又は執行役と共同して，計算書類等を作成すること。
資格	公認会計士・監査法人又は税理士・税理士法人であること。
員数	制限なし。
任期	原則2年（定款等で短縮可）。ただし，非公開会社においては，最長10年まで伸長可（公開会社は不可）。

【会計参与を設置する主なメリット・デメリット】

メリット	① 計算書類の正確性が担保される。 ② 金融機関や取引先からの信用がアップし，特に金融機関から融資を受ける際に有利となる。 ③ 取締役（執行役）が本来の経営業務に専念できる。
デメリット	① 会計参与に対する役員報酬等の支払義務が発生する。 ② 顧問税理士等が会計参与（役員）として責任を負うことになる。

━━━━━━━━━━ 解 説 ━━━━━━━━━━

1 会計参与の職務, 員数, 任期等 ──────────●

⑴ 会計参与とは

　会計参与とは, 取締役 (指名委員会等設置会社では執行役) と共同して, 計算書類等 (貸借対照表, 損益計算書等) を作成する者をいいます (会社法374条1項前段・6項)。

　会計参与の設置は会社の任意であり, 会社は, 定款の定めによって, 会計参与を置くことができます (相対的記載事項。会社法326条2項)。定款で会計参与を置くことを定めた会社を「会計参与設置会社」といいます。

　会計参与の員数については制限はありません。

　なお, 会計参与設置会社であること及び会計参与の氏名又は名称等は, 登記事項となります (会社法911条3項16号)。

⑵ 資 格

　会計参与の資格は, 公認会計士・監査法人又は税理士・税理士法人であることを要します (会社法333条1項)。なお, 会社の顧問税理士も, 他に欠格事由がない限り, そのままで会計参与になることができます。

⑶ 任 期

　任期は取締役の任期と同様です。すなわち, 会計参与の任期は, 原則2年 (選任後2年以内に終了する事業年度のうち最終のものに関する定時株主総会の終結の時まで) です (ただし, 定款又は株主総会の決議でその任期を短縮可。会社法334条1項, 332条1項)。

　また, 非公開会社 (監査等委員会設置会社及び指名委員会等設置会社を除く。) の場合には, 定款で最長10年まで伸長できます (公開会社は不可。会社法334条1項, 332条2項)。

⑷ 監査役, 会計監査人との違い

　これらとの違いについては, Q16を参照してください。

2　中小企業において会計参与を設置するメリット・デメリット等

(1)　**主なメリット・デメリット**

　ア　会計参与制度は，主として中小企業の計算書類の正確性の向上を図るために認められたものです。従来，中小企業の計算書類等に対する信頼度（粉飾等）が低かったといわれており，そうした批判に応えるため，一定の資格者が会計参与（顧問税理士でも可）として，取締役又は執行役と共同して計算書類等の作成に関与することにより信頼を高めることを目的として設けられたものです。

　　そして，この制度の利用により，金融機関や取引先からの信用がアップし，特に金融機関から融資を受ける際に有利となることが考えられ，また，取締役（執行役）が本来の経営業務に専念できるという利点があるといえます。

　イ　他方，会社側としては，通常，税理士や公認会計士と顧問契約を結ぶことで，計算書類等の作成の最低限の必要性は満たされており，改めて会計参与として選任することは，これに対する役員報酬等の支払義務が発生するという不利な点もあり，また，顧問税理士・公認会計士側にも会社役員としての責任を負担させるということになります。

(2)　**会計参与を設置すべきか**

　上記のようなメリット・デメリットを勘案して，設置すべきかどうかを決めるべきですが，現段階では中小企業で会計参与を設置している会社は極めて少ないようです。

会社債務に対する社長やその親族等の保証の形態

　株式会社が金融機関から融資を受ける場合に，社長やその親族等がその融資全額について保証を求められることがあります。その際，平成29年改正民法（令和2年4月1日施行）により，事業に係る債務についての保証契約につき，保証意思宣明公正証書の作成が義務付けられる場合があります。

1　保証とは（書面によらない保証契約は無効）

　保証とは，例えば，株式会社が銀行から金銭の借入れをする際，会社が借入金の返済をしない場合に，保証人が会社に代わってその支払をすることを約することをいいます。保証契約は，債権者（銀行）と保証人との間の契約によって成立します（民法446条1項）。

　なお，保証契約は，全て契約書等の書面又は電磁的記録によってしなければ無効となります（「保証契約の要式化」，民法446条2項・3項）。

2　普通の保証と連帯保証との違い（連帯保証は保証人の責任が厳しい）

(1)　普通の保証

　普通の保証契約では，保証人が「催告の抗弁権」（債権者からの債務履行の請求に対して，まず主たる債務者に請求するよう求めることができる権利。民法452条）と「検索の抗弁権」（主たる債務者が弁済しないため，債権者が保証人に債務の履行を請求してきたときに，保証人がまず主たる債務者の財産に強制執行するよう求めることができる権利。民法453条）を有します。

(2)　連帯保証

　これに対し，連帯保証契約では，連帯保証人は，この催告の抗弁権と検索の抗弁権を有しません（民法454条）。したがって，連帯保証人は，債権者からの請求があれば，主たる債務者と連帯して債務を履行しなければなりません。

　連帯保証は，保証人にとって厳しい責任を課すものですが，金融機関からの借入れ（融資）を含め通常の場合，この連帯保証契約が締結されることがほとんどです。

３　根保証とは

　根保証契約とは，例えば，会社が銀行から金銭の借入れを将来にわたっ
て継続的に行う場合に，社長やその親族・知人等（個人）がその借入金全
額の返済を保証する契約をいいます。

　平成29年改正民法（令和２年４月１日施行）により，債務の範囲を貸金貸
渡し又は手形の割引を受けることにより負担する債務とする個人の根保証
契約から，債務の範囲に制限を設けない個人の根保証契約一般（すなわ
ち，一定の範囲に属する不特定の債務を主たる債務とし，保証人を個人に限る根
保証契約）に拡張する改正を行い（平成29年改正民法465条の２第１項），従
前同様に，①保証人が支払責任を負う金額の上限となる極度額を定めない
根保証契約は無効とし（同条２項，包括根保証の禁止）），②根保証契約を書
面又は電磁的記録によってしなければ無効としました（同条３項）。

４　物上保証とは

　物上保証とは，例えば，会社が銀行から金銭の借入れをする場合に，そ
の債務の担保として，社長や親族等が自らの不動産等の財産を提供するこ
とをいいます（民法351条，371条）。このような担保を提供した人を「物上
保証人」といいます。

　この場合，銀行（債権者）は，会社（債務者）が債務の返済をしない場
合，社長等（物上保証人）が提供した不動産等を競売してその代金から返
済を受けることができます。

５　事業に係る債務についての保証契約の特則（保証意思宣明公正証書の作
　成）

　上記平成29年改正民法465条の６第１項は，①「事業のために負担した
貸金等債務を主たる債務とする保証契約」又は②「主たる債務の範囲に事
業のために負担する貸金等債務が含まれる根保証契約」においては，その
契約の締結に先立ち，保証人になろうとする者（個人に限る（同条３項）。）
が，その締結の日前１か月以内に作成された公正証書で保証債務を履行す
る意思を表示していなければ，保証契約の効力を生じないことを定めてい
ます。この公正証書を，一般に「保証意思宣明公正証書」といいます。

　ただし，いわゆる経営者及びこれに準ずる者（①「主たる債務者が法人で
ある場合のその法人の理事・取締役等又は総株主の議決権の過半数を有する者で
あるとき」，②「主たる債務者が個人である場合の共同事業者又は主たる債務者

が行う事業に現に従事しているその配偶者」)が保証人となる場合は，上記保証意思宣明公正証書の作成なくして，保証契約を締結できます（いわゆる経営者保証等の例外。民法465条の9）。

　なお，会社等の法人が保証人になろうとする場合にも，保証意思宣明公正証書を作成する必要はありません。

第5　計算や出資等に関する事項

18　事業年度及び決算公告の決め方

(1)　事業年度は，どのように決めたらいいのですか。

(2)　公告はどのような方法がありますか。

A

(1)　会社の事業年度は，1年を超えることはできませんが，1年を2事業年度以上に分けることは可能です。しかし，ほとんどの会社は，事業年度を1年としています。

事業年度の開始月は，発起人が自由に決めることができます（月の途中から開始することも可能）。一般に多い事業年度の定め方は，「毎年4月1日から翌年3月31日までの年1期とする。」といったものです。また，決算期が事業の繁忙な時期になるのを避ける会社も多いようです。

(2)　公告の方法としては，①官報に掲載する方法，②時事に関する事項を掲載する日刊新聞紙に掲載する方法，③電子公告による方法の3種類があり，これらのいずれかを定款で定めることができます。現在の実務では，①の方法が多いようです。

なお，定款に公告方法の定めがない場合は，①の「官報に掲載する方法」になります。

【事業年度の決め方】

・ほとんどの会社が1年としている。
・事業年度の開始月は，発起人が自由に決定できる（月の途中から開始してもよい。）。
・一般に「毎年4月1日から翌年3月31日まで」とする定め方が多いようである。
・繁忙な時期を避ける会社も多いようである。

【公告の方法】

① 官報に掲載する方法（現在の実務では一番多い）
② 時事に関する事項を掲載する日刊新聞紙に掲載する方法
③ 電子公告による方法

※これらのいずれかの方法を定款で定めることができる。

解　説

1 事業年度とは

　会社は，永続して事業活動を行うことを予定していますので，この活動を適当に区切って会社の経営成績を貸借対照表や損益計算書等の計算書類等に表す必要があります。会社法はこの区切った期間を「事業年度」と呼んでいます。

　会社の事業年度は，1年を超えることはできませんが，1年を2事業年度以上に分けることは差し支えないとされています。しかし，ほとんどの会社は，事業年度を1年としています。

2 事業年度の決め方

(1) 発起人の自由な選択

　事業年度の開始月は，発起人が自由に決めることができますが，一般に多い事業年度の定め方は，「毎年4月1日から翌年3月31日までの年1期とする。」といったものです。

　また，事業年度の定め方としては，決算期が事業の繁忙な時期になるのを避ける会社も多いようです。顧問税理士がいるような場合には顧問税理士と相談して決めるのも一方法だと思われます。

　なお，事業年度の末日を2月とする場合は，うるう年の関係があるので，「2月28日」とはせずに「2月末日」とする必要があります。また，事業年度を「1月1日から12月31日まで」とするときは，「翌年12月31日まで」としないように注意する必要があります。

　また，月の途中から事業年度を始めることもできます（例えば，「毎年9

月21日から翌年9月20日までの年1期とする。」等)。

(2)　最初の事業年度の注意点

　定款で「最初の事業年度」を定めることが多いですが，この場合の記載
例を挙げますと，「当会社の最初の事業年度は，会社成立の日から令和2
年12月31日までとする。」というようになります。

　ここで注意を要するのは，この記載例で，例えば，会社成立の日が「令
和2年11月1日」であるとすると，最初の事業年度が11月と12月の2か月
間しかないことになります。そのため，発起人の中には，事業年度の末日
を「令和3年12月31日」と記載される方もおりますが，これは最初の事業
年度が1年を超えることになるので，注意を要します。

(3)　消費税の納税との関係

　消費税法上，資本金が1,000万円未満の株式会社は，原則として，設立
1期目と2期目は，消費税の納税義務がない免税事業者となります(ただ
し，設立1期目は消費税が無条件で免除されるが，1期目の最初の6か月間の課税売上
額が1,000万円を超えた場合，又は1期目の最初の6か月間の給与支払額が1,000万円を
超えた場合には，2期目は消費税が課税される。)。

　したがって，個人事業者が資本金1,000万円未満の株式会社を設立する
場合，最初の事業年度を丸1年間となるように定めれば，原則として，丸
2年間の消費税の納税義務がないことになります。このような観点から，
最初の事業年度は，消費税の納税のことも考慮に入れて定めることをお勧
めします。

　なお，個人事業者及び資本金1,000万円未満の株式会社は，2年前の課
税売上の金額が1,000万円を超えると，消費税の納税義務者になります。

3　公告の決め方等

(1)　公告方法の決め方

　株式会社では，株主，株式質権者，新株予約権者等に対し，各種の公告
が義務付けられています(会社法124条3項(基準日の公告)，181条2項(株式併
合の公告)，293条1項(新株予約権証券の提出に関する公告等)，440条1項(計算書類
の公告)等)。

　公告の方法としては，①官報に掲載する方法，②時事に関する事項を掲載する日刊新聞紙に掲載する方法，③電子公告による方法の3種類があり，これらのいずれかを定款で定めることができます（会社法939条1項）。現在の実務では，①の方法が多いようです。

　定款に公告方法の定めがない場合は，①の「官報に掲載する方法」になります（同条4項）。

　これらの公告の方法は，いずれも登記事項です（会社法911条3項27号～29号）

　なお，電子公告を公告方法とする場合は，公告ホームページ（ウェブサイト）のアドレスを登記する必要があります（会社法911条3項28号イ，会社法施行規則220条1項2号）。

　また，電子公告を公告方法とする場合，これによることができない事故その他やむを得ない事由が生じた場合に備えて，以下のような予備的定めの記載例も認められています（会社法939条3項後段）。

【電子公告を公告方法とする場合の予備的定めの記載例】

第○条　当会社の公告は，電子公告により行う。ただし，電子公告によることができない事故その他やむを得ない事由によって電子公告ができない場合が生じたときは，○○新聞に掲載して行う。

⑵　決算公告の方法

ア　電子公告の場合

　電子公告の方法による場合には，貸借対照表（大会社にあっては，貸借対照表及び損益計算書）の全文を公告することを要します（会社法440条1項）。

イ　電子公告以外の場合

　官報又は時事に関する事項を掲載する日刊新聞紙への掲載を公告方法とする場合は，貸借対照表（大会社にあっては，貸借対照表及び損益計算書）の要旨を公告することで足ります（会社法440条2項）。また，この場合，当該公告方法に代えて，貸借対照表の内容である情報を，定時

株主総会の終結の日後 5 年間，継続して電磁的方法により不特定多数
の者が提供を受けることができる状態に置く措置をとることができま
す（会社法440条 3 項，会社計算規則147条）。ただし，この場合には，ホー
ムページ（ウェブサイト）のアドレスを登記する必要があります（会社
法911条 3 項26号，会社法施行規則220条 1 項 1 号）。

19 設立に際して出資される財産の価額又はその最低額と資本金の関係

(1)　「設立に際して出資される財産の価額又はその最低額」
　　とはどのような意味ですか。
(2)　設立時の資本金の計算方法を教えてください。

A　(1)　「設立に際して出資される財産の価額又はその最低額」は，定
款の絶対的記載事項です。

　「設立に際して出資される財産の価額」とは，発起設立の場合
は発起人（募集設立の場合は発起人及び設立時発行株式の引受人）が会社
に対して払込み又は給付（現物出資）する財産の総額（出資財産の総
額）をいいます。また，「その最低額」とは，例えば，複数の出
資者から総額500万円の出資を得ようと考えている場合に，払込
みをしない出資者がいないとも限らないので，一応安全にみて出
資財産の最低額（例えば300万円）を定めておく場合をいいます。

　なお，この出資財産の価額は，0円は認められず，最低1円と
いうことになります。

(2)　資本金の額は，定款の絶対的記載事項ではありません（ただし，
登記事項）。設立時の資本金は，「設立に際して株主となる者（すな
わち，発起設立の場合は発起人，募集設立の場合は発起人及び設立時発行株
式の引受人）が当該株式会社に対して払込み又は給付をした財産
の額」を資本金の額とすることが原則ですが，その2分の1まで
の額を資本金に計上せずに，資本準備金とすることが認められて
います。

　そして，ここにいう「払込み又は給付をした財産の額」とは，
①払込み又は給付を受けた財産の額（出資財産の総額）から，②設
立に要した費用の額のうち，設立に際して資本金又は資本準備金
の額として計上すべき額から減ずるべき額と定めた額を減じた額
であり，これがゼロ未満であるときはゼロとされます。

　したがって，これによれば，理論上，成立後の資本金を0円と
する定款もあり得ることとなりますが，会社法施行規則及び会社

計算規則の一部を改正する省令附則11条５号により，上記②の額を当分の間，ゼロとするとされたので，成立後の資本金は，原則として１円以上となります。

【設立に際して出資される財産の価額又はその最低額とは】

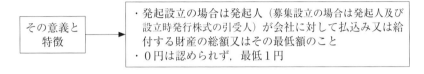

| その意義と特徴 | → | ・発起設立の場合は発起人（募集設立の場合は発起人及び設立時発行株式の引受人）が会社に対して払込み又は給付する財産の総額又はその最低額のこと
・0円は認められず，最低１円 |

【設立時の資本金の額の計算式】

$$資本金の額$$

$$=$$

| 出資財産の総額 | － | 設立に要した費用の額のうち設立に際して資本金又は資本準備金の額として計上すべき額から減ずるべき額と定めた額（当分の間，ゼロ） | － | 資本金に計上せずに資本準備金として計上することとされた額 |

================ 解　説 ================

1　設立に際して出資される財産の価額又はその最低額等――――・

(1)　設立に際して出資される財産の価額又はその最低額（１円以上）

　「設立に際して出資される財産の価額又はその最低額」は，定款の絶対的記載事項です（会社法27条４号）。

　「設立に際して出資される財産の価額」とは，発起設立の場合は発起人（募集設立の場合は発起人及び設立時発行株式の引受人）が会社に対して払込み又は給付（現物出資）する財産の総額（出資財産の総額）をいいます。また，「その最低額」とは，例えば，複数の出資者から総額500万円の出資を得ようと考えている場合に，払込みをしない出資者がいないとも限らないので，一応安全にみて出資財産の最低額（例えば300万円）を定めておく場合をいいます。

　なお，この出資財産の価額について，0円とすることは認められず，最低1円ということになります。また，発起人及び設立時発行株式の引受人は，この出資に係る金銭の全額は銀行等の金融機関に払い込み，又はその出資に係る金銭以外の財産の給付をすることを要します（会社法34条）。

　ちなみに，出資財産の最低額を定款に記載する場合の例を挙げますと，以下のようになります。

（設立に際して出資される財産の価額又はその最低額）
第○○条　当会社の設立に際して出資される財産の最低額は金300万円とする。
（成立後の資本金の額）
第○○条　当会社の設立に際して出資される財産の全額を成立後の資本金の額とする。

　🖉 この記載例は，2つの条文に分けたものですが，これを1本にまとめて以下のように記載する場合もあります。

（設立に際して出資される財産の最低額及び成立後の資本金の額）
第○○条　当会社の設立に際して出資される財産の最低額は金300万円とし，出資された財産の全額を成立後の資本金の額とする。

---

(2) 設立時の出資財産の価額又はその最低額と設立時発行株式数との関係

　上記のとおり，設立に際して出資される財産の価額は，確定額ではなく，その「最低額」を定款で定めてもよいわけです。これは，設立の際に発行する株式の失権効を認めたものと解されています。すなわち，発起人は，発起設立及び募集設立のいずれの場合でも，設立時発行株式を1株以上引き受ける必要がありますが（会社法25条2項），実際に発起人が引き受けた1株以上の出資を履行（払込み又は給付）し，かつ，出資の履行の合計額が上記最低額以上であれば，当初引き受けていた残りの株式の出資の履行がなくても，出資の履行のあった分だけで設立時発行株式数とすることができます（会社法34条，36条3項，63条3項参照）。

　つまり，株式の出資の履行をしない発起人がいる場合，一定の催告期日（最短で2週間後）までに出資の履行をしないときは，当該発起人は出資の

未履行分について設立時発行株式の株主となる権利を失う（これを「失権手続」という。会社法36条）のに対し，募集設立における設立時募集株式の引受人が，発起人の定めた払込期日又は払込期間内に払込みをしない場合には，発起人の場合のような失権手続（催告手続）を要することなく，当然に失権します（会社法63条。その結果，一部失権者が出ても，他の引受人の払込額と発起人の出資額との合計額が上記最低額以上であれば，払込みのあった募集株式についてのみ会社成立時に発行することを認められる（これを「打切り発行」という。）。

　したがって，設立に際して出資される財産の価額が確定し，その出資の履行が確実であるときは，確定額及び設立時発行株式数を定款に記載し，そうでない場合には，最低額のみを記載すればよいものと解されます。

【出資財産の価額・その最低額と設立時発行株式数との関係】

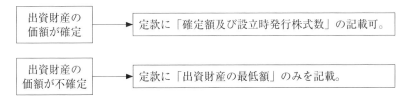

出資財産の価額が確定　→　定款に「確定額及び設立時発行株式数」の記載可。

出資財産の価額が不確定　→　定款に「出資財産の最低額」のみを記載。

2　資本金と資本準備金

(1)　設立時の資本金

　旧商法下の最低資本金制度（株式会社につき1,000万円，有限会社につき300万円）は廃止され，資本金の額は，定款の絶対的記載事項ではなくなりましたが，登記事項となっています（会社法911条3項5号）。

　設立時の資本金は，「設立に際して株主となる者（すなわち，発起設立の場合は発起人，募集設立の場合は発起人及び設立時発行株式の引受人）が当該株式会社に対して払込み又は給付をした財産の額」を資本金の額とすることが原則ですが（会社法445条1項），その2分の1までの額を資本金に計上せずに，資本準備金とすることが認められています（会社法445条2項・3項）。

　そして，ここにいう「払込み又は給付をした財産の額」とは，①「払込み又は給付を受けた財産の額（出資財産の総額）」から，②「設立に要した

費用の額のうち設立に際して資本金又は資本準備金の額として計上すべき額から減ずるべき額と定めた額」を減じた額であり，これがゼロ未満であるときはゼロとされます（会社計算規則43条1項3号）。

　したがって，これによれば，理論上，成立後の資本金を0円とする定款もあり得ることとなりますが，会社法施行規則及び会社計算規則の一部を改正する省令（平成18年法務省令第13号，平成18年5月1日施行）附則11条5号により上記②の額を当分の間，ゼロとするとされたので，成立後の資本金は，原則として1円以上となります。

　しかし，現実にこのような会社は，債務超過に陥る危険性が高いため，避けた方が良いと思われます。また，会社法は，債権者保護の観点から，株主に対し剰余金を配当するには，当該株式会社の純資産額が300万円以上であることを要するとしています（会社法453条，458条）。

(2)　成立後の資本金と資本準備金

　上記のように，資本金は，「設立に際して株主となる者が株式会社に対して払込み又は給付をした財産の額」を資本金の額とすることが原則ですが，その2分の1までの額を資本金に計上せずに，資本準備金とすることができます。

　なお，「成立後の資本金及び資本準備金の額に関する事項」については，定款に定めがない場合には，発起人全員の同意で定めることを要します（会社法32条1項3号）。

　ちなみに，資本準備金を計上した場合の定款記載例を挙げると，以下のようになります。

（成立後の資本金及び資本準備金）
第○○条　当会社の成立後の資本金の額は，設立に際して株主となる者が
　　　払込みした財産の額の2分の1とする。
　2　前項の規定により資本金として計上しないこととした額は，資本準
　　　備金とする。

発行可能株式総数，設立時発行株式に関する事項の決定

(1)　定款で発行可能株式総数を定めるメリットはどのような
点ですか。
(2)　定款で設立時発行株式に関する事項を定めた方がよいで
すか。

A

(1)　「発行可能株式総数」とは，株式会社が発行することができる
株式の総数のことです。これを原始定款で定めていない場合には，
設立登記（会社の成立）の時までに，発起人全員の同意を得て定款
を変更する必要があります（なお，当該定款変更には，公証人の認証は
不要。）。

　　したがって，これを原始定款で定めておくメリットがあります。

(2)　「設立時発行株式数」も，定款の絶対的記載事項ではありませ
んが，「発行済株式の総数並びにその種類及び種類ごとの数」が
登記事項ですので，定款作成時までに設立時発行株式の総数が確
定していれば，定款に記載した方がよいものと思われます。ただ
し，設立時発行株式数が変わる可能性があるときは，定款にこれ
を記載せず，設立登記申請までに発起人全員の同意によって定め
ることができます。

　　また，「①発起人が割当てを受ける設立時発行株式の数，②設
立時発行株式と引換えに払い込む金銭の額，③成立後の株式会社
の資本金及び資本準備金の額に関する事項」は，これを定款に定
めないと，発起人全員の同意により定める必要があるので，これ
らの事項についても，定款作成時までに確定していれば定款に記
載しておいた方がよいと思われます。

【発行可能株式総数を定款で定めることのメリット】

・原始定款で定めていない場合には，会社の成立の時までに，発起
人全員の同意を得て定款変更が必要。
・なお，当該定款変更には，公証人の認証は不要。

【設立時発行株式数や発起人の設立時発行株式の 引受株数等を定款に記載すべきか】

これらの事項は，登記事項であったり，定款で定めないと，発起人全員の同意により定める必要があるので，定款作成時までに確定していれば記載した方がよいと思われる。

━━━ 解 説 ━━━

1 発行可能株式総数を定款で定めることのメリット━━━━━•

「発行可能株式総数」とは，株式会社が発行することができる株式の総数のことですが，この発行可能株式総数は，定款の絶対的記載事項ではありません。

しかし，これを原始定款で定めていない場合には，設立登記（会社の成立）の時までに，発起人全員の同意を得て定款を変更する必要があります（その意味で，発行可能株式総数は「設立時の絶対的記載事項」といえる。会社法37条1項）。また，発行可能株式総数を原始定款に定めた場合でも，同様に設立登記申請の時までに定款で変更できます（会社法37条2項，30条2項）。この場合，当該定款変更に公証人の認証は不要です。

なお，募集設立の場合は，原始定款で「発行可能株式総数」を定めていない場合には，払込期日又は払込期間の初日のうち最も早い日以後は発起人全員の同意を得ても定款変更ができず（会社法95条），この場合は，会社の設立の時までに創立総会の決議で定款を変更することになります（会社法98条。この場合も公証人の認証不要。）。

したがって，発起設立・募集設立のいずれの場合も，発行可能株式総数を原始定款で定めた方がよいといえます。

なお，発行可能株式総数は登記事項です（会社法911条3項6号）。

【発行可能株式総数の定款記載例】

（発行可能株式総数）
第○条 当会社の発行できる株式の総数は○万株とする。

2　設立時発行株式に関する事項を定款に記載する場合────•

⑴　設立時発行株式数

　「設立時発行株式数」も，定款の絶対的記載事項ではなく，任意的記載
事項ですが，「発行済株式の総数並びにその種類及び種類ごとの数」は登
記事項です（会社法911条3項9号）。したがって，発起設立における非取締
役会設置会社のような小規模会社の場合には，定款作成時までに設立時発
行株式の総数が確定していれば，会社の基本的事項を明確にする観点から，
定款に記載しておくことも考えられます🖉。

　ただし，設立時発行株式数が変わる可能性があるときは，定款にこれを
記載せず，設立登記申請までに発起人全員の同意によって定めることがで
きます（会社法32条1項）。また，定款の絶対的記載事項である「設立に際
して出資される財産の価額」（会社法27条4号）が定款作成時までに確定し
ておらず，「その最低額」を定款に記載する場合には，定款作成時に設立
時発行済株式数を確定できないので，これを定款に記載しない方がよいと
解されます（なお，設立時の出資財産の価額と設立時発行株式数との関係については
Q19参照）。

　なお，設立時発行株式の総数を定める場合は，公開会社については発行
可能株式総数の4分の1を下ることができません（なお，非公開会社ではこの
制限はない。会社法37条3項）。

　🖉　しかし，設立時発行株式数を定款に記載しますと，その後会社成立まで
　　に株式の引受けの履行がされないような場合に，定款を変更し，再度公証
　　人の認証を受ける必要が生じます。したがって，一般に，募集設立の場合
　　（Q5参照）等においては，定款に設立時発行株式数を記載しないことが
　　多いようです。

【設立時発行株式数等の定款記載例】

　（設立に際して発行する株式）
　第○○条　当会社の設立に際して発行する株式の数は○○株とし，その発
　　　　　行価額は1株につき金○万円とする。

---

(2)　発起人が割当てを受ける設立時発行株式の数等

　①発起人が割当てを受ける設立時発行株式の数，②設立時発行株式と引換えに払い込む金銭の額，③成立後の株式会社の資本金及び資本準備金の額に関する事項は，これを定款に定めないと，発起人全員の同意により定める必要があります（会社法32条1項。なお，①の発起人が割当てを受ける設立時発行株式の数は，発起人の「引受株式数」などと定款に記載してもよいと思われる。）。

　したがって，これらの設立時発行株式に関する事項については，発起設立における非取締役会設置会社のような小規模会社の場合には，定款作成時までに確定していれば，定款に記載しておくことも考えられます。

　ただし，定款の絶対的記載事項である「設立に際して出資される財産の価額」（会社法27条4号）が定款作成時に確定しておらず，「その最低額」を定款に記載する場合には，発起人の割当てを受ける株式数及びその払込金額も定款作成時に確定しないことになります。したがって，この場合，①定款作成時における各発起人の引受済みの株式数を記載（さらにその払込金額の記載も可）するか，あるいは，②発起人の氏名及び住所のみを記載して，確定した発起人の引受株式数とその払込金額は設立登記申請までに発起人全員の同意を得て定めることになるものと解されます。

　この発起人の同意については，設立登記申請時に，「設立時発行株式に関する発起人の同意書」を作成し，当該申請書に添付することになります（当該同意書の記載例についてはQ28参照）。

【発起人が割当てを受ける株式の数とその払込金額の定款記載例】

> **（発起人の氏名，住所及び引受株）**
> 　第○○条　発起人の氏名，住所及び設立に際して割当てを受ける株式の数
> 　　　並びに株式と引換えに払い込む金銭の額は，次のとおりである。
> 　　　　東京都○○区□□○丁目○番○号　　100株，100万円
> 　　　　　　　　　　　　　　　　　　　　発起人名　甲野一郎
> 　　　　東京都○○区□□○丁目○番○号　　100株，100万円
> 　　　　　　　　　　　　　　　　　　　　発起人名　乙野次郎

【発起人の氏名及び住所のみを記載する場合の定款記載例】

（発起人の氏名及び住所）

第○○条　当会社の発起人の氏名及び住所は，次のとおりである。

　　　　東京都○○区□□○丁目○番○号

　　　　　　　　　　　　　　　　　発起人名　甲野一郎

　　　　東京都○○区□□○丁目○番○号

　　　　　　　　　　　　　　　　　発起人名　乙野次郎

21 現物出資についての注意点

(1) 現物出資とはどのようなことですか。また，誰が会社設立時に現物出資をすることができますか。

(2) 現物出資の場合，裁判所に選任された検査役の調査が必要であるということですが，これには例外がありますか。

A (1) 現物出資とは，金銭以外の財産でする出資のことをいいます。会社設立時には，発起人のみが現物出資をでき，募集設立における募集株式の引受人はできません。

(2) 現物出資を記載した定款は，原則として裁判所選任に係る検査役の調査を受ける必要がありますが，解説3の(2)の表（【検査役の調査が免除される場合】）のように，例外的に検査役の調査が免除される場合があります。

なお，中小企業における現物出資例は同表の①のケースが多いようです。

【現物出資とは】

・金銭以外の財産でする出資のこという。
・現物出資は，発起人のみができる。

━━━━━━━━━ **解　説** ━━━━━━━━━

1 現物出資とは

出資は，金銭以外の財産ですることもできます（会社法28条1号）。これを「現物出資」といいます。現物出資の目的物は，不動産，自動車・機械その他の動産，有価証券，債権，特許権などの知的財産権等が挙げられます。

現物出資は，出資者にとって現金を用意する必要がないので便宜ですが，その目的物が過大評価され，不当に多くの株式が付与されることになると，会社の財産的基礎を危うくし，他の株主や会社債権者を害するおそれがあ

ります。

　そこで，会社法は，これを防止するため，現物出資を変態設立事項（相対的記載事項）として，その効力が生ずるためには原始定款に記載しなければならないこととしています（会社法28条1号）。

　なお，会社設立時には，発起人のみが現物出資をでき，募集設立における募集株式の引受人はできません（会社法63条1項）。

2　現物出資についての定款の記載事項

　現物出資の定款の記載事項は，以下のとおりです（会社法28条1号）。

①	金銭以外の財産を出資する者の氏名（又は名称）
②	当該財産及びその価額
③	出資者に対して割り当てる設立時発行株式の数 （種類株式発行会社にあっては，設立時発行株式の種類及び種類ごとの数）

　なお，現物出資の定款の記載は，対象財産を特定してされる必要があります。例えば，①不動産の場合は登記簿（登記事項証明書）の記載により，②債権の場合は，当事者，発生日，債権の種類，債権額等の記載により，③機械類の場合は，種類，型式，製造者，製造年，製造番号等の記載により，それぞれ特定する必要があります。

　その記載方法については，**Q24**の参考2「取締役複数の非取締役会設置会社の定款記載例」の第40条を参照してください。

3　検査役の調査とその調査が免除される場合

(1)　検査役の調査

　現物出資を記載した定款については，公証人の認証を受けた後，その記載内容の当否につき，原則として発起人の申立てに基づく裁判所選任に係る検査役の調査を受け，当該検査役の報告に基づき，裁判所が不当と認めたときは，これを変更する決定をしなければなりません。そして，発起人は，この決定の確定後1週間以内に限り，その全員の同意によって，当該決定により変更された事項についての定めを廃止する定款の変更をするこ

とができます（会社法33条1項〜9項参照）。

　なお，募集設立の場合は，検査役の報告等が創立総会に提出され，創立総会が不当としたときは，その決議で定款を変更することができます（会社法96条，97条。なお，募集設立では，募集株式と引換えにする金銭の払込期日又は払込期間の初日のうち最も早い日以後は，発起人による定款変更をすることはできない（会社法95条）。）。

(2)　検査役の調査が免除される場合

　ただし，以下の場合は，検査役の調査が免除されています（会社法33条10項）。

①	現物出資及び財産引受け𝒞の各目的物につき定款に記載された価額の総額が500万円を超えていない場合（1号）
②	現物出資の目的物のうち，市場価格のある有価証券について定款に記載された価額が，その市場価格として会社法施行規則6条により算定される額を超えていない場合（2号）
③	現物出資の目的物について定款に記載された価額につき，弁護士，弁護士法人，公認会計士，監査法人，税理士，税理士法人（不動産については，当該証明に加えて不動産鑑定士の鑑定評価）等からその価額が相当であるとの証明を受けている場合（3号）

　　𝒞　財産引受けとは，発起人が会社のために会社の成立を停止条件として特定の財産を有償で譲り受けることを約する契約をいいますが（会社法28条2号），これは，現物出資を潜脱する方法として用いられるおそれがあることから，現物出資と同様に変態設立事項とされています。

　したがって，①の場合，現物出資及び財産引受けの各目的物の定款記載価額の総額が500万円以下のときは，検査役の調査が不要ということになります。中小企業において現物出資される例は，①のケースが多いと思われます。

4　設立時取締役等の調査

　検査役の調査が免除される場合でも，設立時取締役（監査役設置会社の場合に設立時取締役及び設立時監査役）は，定款に記載された現物出資等の価格が相当であること，弁護士等の証明が相当であること，出資の履行が完了

していること等について調査を行う必要があります（会社法46条1項，93条
1項）。

　現物出資の場合には，①設立時取締役等作成の調査報告書と②現物出資
者である発起人の会社宛の財産引継書が必要となります（これらの記載方法
については，Q28の「調査報告書」及び「財産引継書」参照）。

　なお，現物出資等の財産の会社成立時における実価が，定款記載価額に
著しく不足する場合，発起人及び設立時取締役には，原則として，連帯し
て，その不足額を会社に支払う義務が課せられる（財産価額填補責任。会社法
52条1項・2項，103条1項）ので，注意を要します。

22 設立時役員を直接定款で定めることの可否等

(1)　設立時取締役，設立時監査役，設立時会計参与，設立時
代表取締役とは，どのような者ですか。

(2)　発起設立の場合，これらの設立時役員はどのように選任
又は選定されますか。

(3)　これらの設立時役員を原始定款で定めることができます
か。

(4)　設立時取締役，設立時監査役，設立時会計参与の資格に
制限はありますか。

A
(1)　「設立時取締役」とは，株式会社の設立に際して取締役となる
者，「設立時監査役」とは，株式会社の設立に際して監査役とな
る者，「設立時会計参与」とは，株式会社の設立に際して会計参
与となる者，「設立時代表取締役」とは，株式会社の設立に際し
て代表取締役となる者をそれぞれいいます。

　これらの設立時役員は，会社成立と同時に，自動的に取締役，
監査役，会計参与，代表取締役に移行します。

(2)　発起設立の場合，発起人は，出資履行の完了後，遅滞なく「設
立時取締役」，「設立時会計参与」（会計参与設置会社の場合）又は
「設立時監査役」（監査役設置会社の場合）を選任することを要します。

　「設立時代表取締役」については，①取締役会設置会社（指名委
員会等設置会社を除く。）の場合は，設立時取締役（設立しようとする
株式会社が監査等委員会設置会社である場合にあっては，設立時監査等委員
である設立時取締役を除く。）の中から，設立時取締役の過半数を
もって選定しますし，②非取締役会設置会社の場合は，原始定款
にこの選定方法の定めがあればこれに従うことになりますし，ま
た，この定めがない場合であっても，発起人の過半数をもって選
定できます。詳細は解説を参照してください。

(3)　発起設立と募集設立のいずれの場合でも，設立時代表取締役を
含め，これらの設立時役員を直接原始定款で定めることができる

と解されています。

(4)　設立時取締役・設立時監査役・設立時会計参与の資格（欠格事由）は，成立後の会社の取締役・監査役・会計参与の資格と同じです（この点はQ14，Q16及びQ17参照）。

【設立時取締役・設立時監査役・設立時会計参与・設立時代表取締役とは】

設立時取締役	株式会社の設立に際して取締役となる者
設立時監査役	株式会社の設立に際して監査役となる者
設立時会計参与	株式会社の設立に際して会計参与となる者
設立時代表取締役	株式会社の設立に際して代表取締役となる者

会社成立と同時に，自動的に取締役，監査役，会計参与，代表取締役に移行する

【発起設立の場合の設立時役員の選任又は選定方法】

設立時取締役・監査役・会計参与	出資履行の完了後，発起人が遅滞なく選任	
設立時代表取締役	取締役会設置会社	設立時取締役の過半数でもって，その中から選定
	非取締役会設置会社	(a) 原始定款に選定方法の定めがあればこれに従って選定 (b) この定めがない場合には，発起人の過半数をもって選定

【原始定款で設立時役員を定めることの可否】

発起設立と募集設立のいずれでも，設立時代表取締役を含め，設立時役員を定めることが可能

【設立時取締役・設立時監査役・設立時会計参与の資格】

成立後の会社の取締役等の資格と同じ

─────── 解 説 ───────

1 設立時役員とは

　会社法は，会社成立の前後で機関を明確に区別し，会社成立後は単に「取締役，監査役，会計参与，代表取締役」等と呼ぶのに対し，会社成立前は「設立時取締役，設立時監査役，設立時会計参与，設立時代表取締役」等と呼んでいます（会社法38条以下）。

　設立時取締役とは，株式会社の設立に際して取締役となる者（会社法38条1項），設立時監査役とは，株式会社の設立に際して監査役となる者（同条3項2号），設立時会計参与とは，株式会社の設立に際して会計参与となる者（同条3項1号），設立時代表取締役とは，株式会社の設立に際して代表取締役となる者（会社法47条1項）を，それぞれいいます。

　これらの設立時役員は，会社成立と同時に，自動的に取締役，監査役，会計参与，代表取締役等に移行します。

　なお，会社成立後の取締役は，対外的な業務執行や他の業務執行者の監督を行いますが，設立時取締役及び設立時監査役は，専ら発起人が行う会社の設立事務の調査（会社法46条）等の内部的な役割のみを有します。そして，この設立事務のほか，設立時発行株式の引受け（会社法25条）及び対外的な検査役の選任請求（会社法33条1項）等は，発起人が行うことになります。

【会社成立後の取締役，発起人，設立時取締役及び設立時監査役の役割の違い】

	役　割
会社成立後の取締役	対外的な業務執行や他の業務執行者の監督
設立時取締役 設立時監査役	専ら発起人が行う設立事務の調査等の内部的な役割
発　起　人	会社の設立事務，設立時発行株式の引受け及び対外的な検査役の選任請求等

2　発起設立の場合における設立時役員の選任手続等──────•

⑴　設立時取締役，設立時会計参与，設立時監査役の選任手続

　発起人は，出資の履行が完了した後，遅滞なく「設立時取締役」，「設立時会計参与」（会計参与設置会社の場合）又は「設立時監査役」（監査役設置会社の場合）等を選任することを要します（会社法38条1項・3項1号・2号）。

　これらの設立時役員の選任は，原則として，発起人の議決権の過半数をもって決定します（会社法40条1項。ただし，種類株主総会の決議で取締役又は監査役を選任する種類株式を発行する場合には，当該種類株式に関する定款の定めの例に従い，その種類の設立時発行株式を引き受けた発起人の議決権の過半数をもって決定します（会社法41条）。）。

　ア　設立時取締役

　　　成立後の会社同様に，設立しようとする株式会社が取締役会設置会社である場合には，設立時取締役は3人以上必要ですが（会社法39条1項），非取締役会設置会社では，設立時取締役1人で足り，員数に制限はありません。

　イ　設立時監査役

　　　成立後の会社同様に，設立しようとする株式会社が監査役会設置会社である場合には，設立時監査役は3人以上必要ですが（会社法39条2項），非監査役会設置会社では，設立時監査役1人で足り，員数に制限はありません。

　ウ　設立時会計参与

　　　成立後の会社同様に，設立時会計参与は1人で足り，員数に制限はありません。

【設立時取締役・設立時監査役・設立時会計参与の員数（成立後の会社と同じ）】

	取締役会又は 監査役会設置会社	非取締役会又は 非監査役会設置会社
設立時取締役	3人以上	1人以上
設立時監査役	3人以上	1人以上
設立時会計参与	1人以上	

(2)　設立時代表取締役の選定手続

ア　取締役会設置会社

　　取締役会設置会社（指名委員会等設置会社を除く。）においては，設立時取締役（設立しようとする株式会社が監査等委員会設置会社である場合にあっては，設立時監査等委員である設立時取締役を除く。）の中から，設立時取締役の過半数をもって設立時代表取締役を選定することを要します（会社法47条1項・3項）。

イ　非取締役会設置会社

　　非取締役会設置会社においては，設立時代表取締役を定める規定がありません。その理由は，設立時取締役が会社成立後において各自代表権を持つので，設立時代表取締役を定めることが必要的でないからだと考えられます（会社法349条1項・2項参照）。

　　そこで，原始定款で直接，設立時代表取締役を定めていない場合（この定めによってできることについては後記(3)のイ参照。なお，募集設立の場合についても同様（後記3の(3)参照）。）に，設立時代表取締役を選定できるか否かが問題となります。

　　まず，原始定款に，「発起人の選定により設立時代表取締役を定める。」又は「設立時代表取締役は，設立時取締役の互選により定める。」という定めがある場合は，定款認証後，設立登記申請までにこれらの定めに従って設立時代表取締役を選定すればよいことになります（会社法349条3項参照）。

　　しかし，このような定めを原始定款に置いていない場合であっても，会社の設立事務全般の決定権限者である発起人の過半数をもって設立時代表取締役を選定することができるものと解されています。

(3)　原始定款で設立時取締役，設立時会計参与，設立時監査役又は設立時代表取締役を直接定めることの可否

ア　設立時取締役，設立時会計参与，設立時監査役　➡可能

　　原始定款をもって設立時取締役，設立時会計参与，設立時監査役を定めることができます。この場合，これらの者は，出資の履行が完了した時にそれぞれ設立時役員に選任されたものとみなされます（会社

法38条4項）。

イ　設立時代表取締役　➡可能

　　取締役会設置会社及び非取締役会設置会社においても，原始定款を
もって設立時代表取締役を定めることができるか否か規定がありませ
んが，原始定款で設立時代表取締役を定めることができると解されて
います。

【設立時役員の定款記載例】

（設立時役員）

第○○条　当会社の設立時役員は，次のとおりである。

　　　設立時取締役　甲野一郎，乙野次郎，丙野三郎

　　　設立時監査役　丁野四郎

　　　設立時代表取締役　甲野一郎

3　募集設立の場合における設立時役員の選任手続等

(1)　設立時取締役，設立時会計参与，設立時監査役の選任手続

　　募集設立の場合，「設立時取締役」，「設立時会計参与」又は「設立時監
査役」等は，創立総会の決議によって選任することを要します（会社法88
条）。ただし，設立時取締役又は設立時監査役の選任権付種類株式を発行
する場合には，その種類株式に関する定款の定めの例に従い，当該種類の
設立時発行株式の設立時種類株主を構成員とする種類創立総会の決議に
よって選任することを要します（会社法90条）。

　　そのほかの選任に関する法規制は，発起設立と同じです。

(2)　設立時代表取締役の選任手続

　　取締役会設置会社（指名委員会等設置会社を除く。）においては，設立時取
締役（設立しようとする株式会社が監査等委員会設置会社である場合にあっては，設
立時監査等委員である設立時取締役を除く。）の中から，設立時取締役の過半数
をもって設立時代表取締役を選定することを要します（会社法47条1項・3
項）。

　非取締役会設置会社においては，発起設立の場合と同様に，設立時代表取締役を定める規定がありませんが，原始定款に，「発起人の選定により設立時代表取締役を定める。」，「設立時代表取締役は，設立時取締役の互選により定める。」又は「代表取締役は創立総会で選定する。」という定めがある場合は，定款認証後，設立登記申請までにこれらの定めに従って設立時代表取締役を選定すればよいことになります（会社法349条3項参照）。

　しかし，このような定めを原始定款に置いていない場合であっても，発起設立同様に，会社の設立事務全般の決定権限者である発起人の過半数をもって設立時代表取締役を選定することができるものと解されます。

⑶　**原始定款で設立時取締役，設立時会計参与，設立時監査役又は設立時代表取締役を定めることの可否　➡可能**

　会社法は，原始定款にこれらの設立時役員を定めることができるか否か規定していませんが，発起設立同様に，これらの設立時役員を原始定款に直接定めることができると解されています。

4　設立時取締役等の資格（成立後の会社と同じ）────────•

　成立後の株式会社の取締役，会計参与，監査役又は会計監査人となることができない者（会社法331条1項（同法335条1項において準用する場合も含む。），333条1項若しくは3項又は337条1項若しくは3項）は，それぞれ設立時取締役，設立時会計参与，設立時監査役又は設立時会計監査人となることはできません（会社法39条4項）。

　なお，この点は，**Q14**，**Q16**及び**Q17**を参照してください。

第6　定款の作成と公証人の認証に関する事項

23　定款作成上の注意事項

⑴　定款を作成する上で注意すべき事項はどのような点ですか。

⑵　定款の作成に当たり，定款認証後の設立登記申請書の添付書類の作成についても考慮に入れるべきことはありますか。

A　⑴　定款の作成に当たって最も重要なことは，なるべく会社法の条文の用語に即して定款を作成していただくことです。そのためには，重要な条文には目を通す必要があると考えます（そのほか，主な作成上の注意事項は下記の表，詳細は解説を参照）。

⑵　例えば，定款に，「設立に際して発起人が割当てを受けるべき株式の数及び払い込むべき金額」の記載がある場合には，添付書類として必要な「設立時発行株式に関する発起人の同意書」を省略できます。この場合，申請書には「発起人の同意書は，定款の記載を援用する。」と記載すれば足ります（そのほかの省略例は，解説の4を参照）。

【定款作成上の注意事項】

① 会社法の条文の用語に即して作成する。
② 絶対的記載事項のほか，会社の基本ルールも記載すべきである。
③ 製本の仕方
　→「袋とじの方法」と「ホッチキスどめの方法」の2種類。
④ 訂正方法→訂正箇所に二本線を引き，その上部に新たに記入
　（通常，定款末尾の余白部分に発起人全員が捨印を押しておき，これを利用して訂正箇所を特定）。

【定款に記載がある場合に登記申請書の添付書類を省略できる例】

定款に,「設立に際して発起人が割当てを受けるべき株式の数及び払い込むべき金額」の記載がある場合
→「設立時発行株式に関する発起人の同意書」の省略可

=== 解　説 ===

1　定款作成上の一般的な注意事項

(1)　なるべく会社法の条文の用語に即して定款を作成してください。そのためには,重要な条文には目を通す必要があると考えます。

(2)　絶対的記載事項の記載漏れがないようにすることはもちろんですが,そのほか,会社の基本的な組織や運営に関する事項(①株式に関する事項,②株主総会に関する事項,③取締役,代表取締役及び取締役会に関する事項(取締役会に関する事項は非取締役会設置会社では不要。),④計算に関する事項等)を定めた方がよいでしょう。すなわち,金融機関,監督官庁及び取引先から当該会社の基本ルールが分かるような定款を作成すべきだと思われます。

(3)　定款を書面で作成する場合は,手書きでもよいのですが,できればパソコンで作成するのが見栄えもよいと思います。

　日本公証人連合会のウェブサイトによりますと,定款の作成は,一般にA4判の用紙の片面に横書きで記載することを勧めており,また,文字の大きさは12ポイント,標準書体で印刷すると見やすくなるとしています。

　なお,電子定款による場合は,定款をPDFファイルで作成し,電子署名をすることになります。

　本書では,主に書面による定款作成手続について説明します。

2　定款の製本の仕方 (袋とじの方法とホッチキスどめの方法)

　定款は,通常,公証役場保存用原本,会社保存用原本及び設立登記用謄本の3通を作りますが,その定款の製本の方法には,以下のように「袋とじ」と「ホッチキスどめ」の2種類があります。

　なお,定款に表紙を付ける義務はありませんが,会社に長年にわたり保

管されるものですから，表紙と裏表紙を付けることをお勧めします。

【定款の表紙の作成例】

```
┌─────────────────────────────────────────────┐
│  ┌──────────────────────────┐                │
│  │      定　　款            │  ☞  定款の作成日を記載 │
│  │   東京ＡＢＣ株式会社       │     してください。     │
│  │                          │     公証人認証日及び会 │
│  │                          │     社成立日は，空欄にし │
│  │                          │     ておき，後日，公証人 │
│  │                          │     の認証を受けた日，会 │
│  │    令和○年6月7日作成☞    │     社成立日を記載してく │
│  │    令和○年○月○日公証人認証 │     ださい。          │
│  │    令和○年○月○日会社成立  │                     │
│  └──────────────────────────┘                │
└─────────────────────────────────────────────┘
```

⑴　袋とじの方法

　袋とじは，製本テープで貼り付けて行う方法ですが，表紙及び裏表紙ともに製本テープとの境目に発起人全員が実印を押印する必要があります。なお，袋とじの場合には，各頁の見開き部分の押印は不要です。

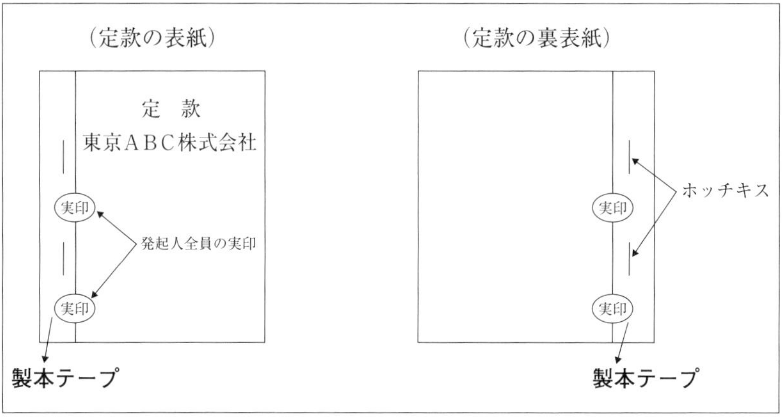

☞　公証人役場保存用の定款の表紙の裏に４万円の収入印紙を貼り，発起人１名の実印で消印をする（代理人による印でも可）ことになりますが，公証役場で誤りが見つかり，定款を新たに作成し直す必要がある場合もあるので，収入印紙は貼らずに公証役場にお持ちいただく方が安全であると思われます。

⑵　ホッチキスどめの方法

ホッチキスどめは，製本テープを用いずに，単にホッチキスで止める方法です。この場合は，表紙と裏表紙の押印は不要となりますが，各頁の見開き部分に発起人全員が実印で押印をすることを要します。

【ホッチキスどめの方法】

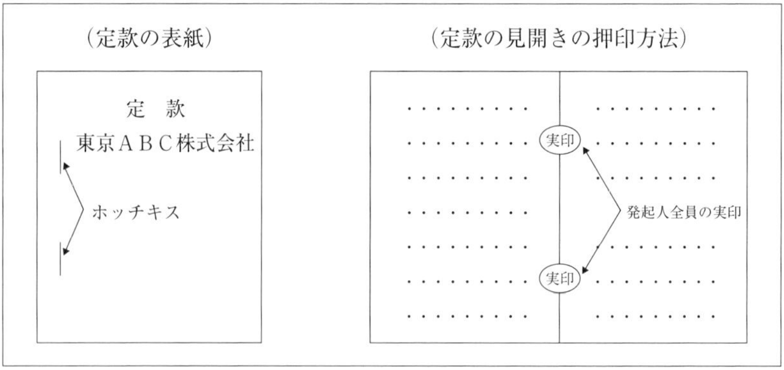

3 定款の訂正方法 ──────────────────────●

　定款の文字を訂正する場合，訂正箇所に二本線を引き，その上部に新た
に記入します。通常，定款末尾の余白部分に発起人全員が捨印（訂正に備
えて，欄外に押しておく印）を押しておき，これを利用して訂正箇所を特定
（例えば，「第1葉3行2字加入」などと記載して特定）します。

　ただし，定款作成段階で訂正があっても，そのまま公証役場に持参いた
だく方がよいかと思います。定款末尾の捨印を利用した訂正箇所の特定方
法については，公証人が指導しているのが通常のようです。

【定款の訂正方法】

(本店所在地)　　　　　　　　中野
第3条　当会社は，本店を東京都~~新宿~~区に置く。

··

(中途省略)

··

(法令の準拠)
第29条　この定款に規定のない事項は，全て会社法その他の法令に従う。

　以上，東京ＡＢＣ株式会社設立のためこの定款を作成し，発起人が次に
記名押印する。
　令和○年○月○日

　　　　　　　　　　　　　　　　　発起人　甲野一郎（実印）
　　　　　　　　　　　　　　　　　発起人　乙野次郎（実印）

　　　　　（甲野）（乙野）　捨印（実印）

　　　　　第○葉○○行2字加除

4　定款の作成と定款認証後の設立登記申請書の添付書類との関係

　定款の作成に当たっては，定款認証後の設立登記申請書の添付書類の作成についても考慮に入れるべきであると思われます（この点の詳細はQ28参照）。

　例えば，以下のような場合，一部の添付書類を省略することができます。

(1)　定款に，「設立に際して発起人が割当てを受けるべき株式の数及び払い込むべき金額」並びに「資本金及び資本準備金の額に関する事項」の記載がある場合には，添付書類として必要な「発起人の同意書」を省略できます（会社法32条1項参照）。

　　この場合，申請書には「発起人の同意書は，定款の記載を援用する。」と記載すれば足ります。

(2)　定款に，「設立時取締役，設立時監査役選任及び本店所在場所（住居表示上の地番まで特定）」の記載がある場合には，添付書類として必要な「設立時取締役，設立時監査役及び本店所在場所決議書」を省略できます。

　　この場合，申請書には「設立時取締役，設立時監査役選任及び本店所在場所決議書は，定款の記載を援用する。」と記載すれば足ります。

　　ただし，本店所在場所については，定款では，一般に「独立最小の行政区画（つまり，「市町村」及び「東京都の特別区」）」にとどめたほうがよいと思われます（Q9参照）。

(3)　定款に，「設立時代表取締役の選定」の記載がある場合には，添付書類として必要な「設立時代表取締役を選定したことを証する書面」を省略できます。

　　この場合，申請書には「設立時代表取締役を選定したことを証する書面は，定款の記載を援用する。」と記載すれば足ります。

(4)　定款に，「設立時取締役，設立時代表取締役及び設立時監査役の就任」の記載があり，かつこれらの者が発起人である場合には，添付書類として必要な「設立時取締役，設立時代表取締役及び設立時監査役の就任承諾書」を省略できます。

　　この場合，申請書には「設立時取締役，設立時代表取締役及び設立時

監査役の就任承諾書は，定款の記載を援用する。」と記載すれば足ります。

【定款に記載がある場合に登記申請書の添付書類を省略できる例】

定款の記載内容	省略できる書類
「設立に際して発起人が割当てを受けるべき株式数及び払い込むべき金額」並びに「資本金及び資本準備金の額に関する事項」の記載がある場合	「発起人の同意書」
「設立時取締役，設立時監査役選任及び本店所在場所」の記載がある場合	「設立時取締役，設立時監査役及び本店所在場所決議書」
「設立時代表取締役の選定」の記載がある場合	「設立時代表取締役を選定したことを証する書面」
「設立時取締役，設立時代表取締役及び設立時監査役の就任」の記載があり，かつこれらの者が発起人である場合	「設立時取締役，設立時代表取締役及び設立時監査役の就任承諾書」

24　定款記載例

株式会社の定款記載例について教えてください。

A　定款記載例として，非公開会社の中小企業において最も利用されると思われる以下の3つの記載例を挙げて，各条項の下に若干の解説を加えておきました。

①　取締役1名設置の株式会社の定款記載例（発起設立，株式非公開，株券不発行，取締役1名，取締役会・会計参与・監査役非設置）➡参考1（118頁）

②　取締役複数の非取締役会設置会社の定款記載例（非公開会社，株券不発行，取締役2名・代表取締役設置，監査役（会計監査限定）設置，会計参与非設置，発起設立，現物出資がある場合も想定）➡参考2（122頁）

③　取締役会設置会社の定款記載例（発起設立，非公開会社，株券発行，取締役会・取締役3名・代表取締役設置，監査役又は会計参与の設置，中間配当あり）➡参考3（140頁）

───────────── **解　説** ─────────────

1　定款の記載事項

定款は，本来，絶対的記載事項を記載しておけば足りるわけですが，このほかに，①株主総会の招集時期・機関・決議方法，②取締役，代表取締役の選任・選定方法・これらの任期，③事業年度など，金融機関，監督官庁及び取引先から当該会社の基本ルールが分かるような定款を作成すべきです。

このような観点に立ち，定款記載例として，非公開会社の中小企業において最も利用されると思われる，①取締役1名設置の株式会社の定款記載例，②取締役複数の非取締役会設置会社の定款記載例及び③取締役会設置会社の定款記載例の3つの例を挙げておきます。

なお，①取締役1名設置の株式会社の定款記載例と②取締役複数の非取締役会設置会社の定款記載例は重複する部分が多いことから，①の定款記

載例の注釈を最小限にとどめましたので，②の定款記載例の注釈を参照してください。

2　通常の定款の配列

通常，非公開会社の中小企業の定款の配列は，おおむね以下のようになっているものが多いようです。

①	総則	商号，目的，本店の所在地，公告の方法
②	株式に関する事項	発行可能株式総数，株券発行の有無等
③	株主総会に関する事項	株主総会の招集時期，招集権者，招集通知，決議方法等
④	取締役，代表取締役及び取締役会に関する事項	取締役の員数・任期，代表取締役の選任方法，取締役会の設置・招集権者・招集通知・決議方法等 （なお，取締役会に関する事項は非取締役会設置会社では不要）
⑤	監査役に関する事項	監査役の設置，員数，選任方法等 （なお，この事項は監査役設置会社の場合のみ必要）
⑥	会計参与に関する事項	会計参与の設置，員数，選任方法等。 （なお，この事項は会計参与設置会社の場合のみ必要）
⑦	計算	事業年度，配当金の支払等
⑧	附則	設立に際して発行する株式，設立に際して出資される財産の価額又はその最低額及び資本金，最初の事業年度，設立時役員，発起人の氏名，住所及びその引受株式数等

参考1　取締役1名設置の株式会社の定款記載例

（発起設立, 株式非公開, 株券不発行, 取締役1名, 取締役会・会計参与・監査役非設置）

東京ＡＢＣ株式会社定款

第1章　総　則

（商号）
第1条　当会社は, 東京ＡＢＣ株式会社と称する。
（目的）
第2条　当会社は, 次の事業を行うことを目的とする。
　⑴　家庭電化用品の製造及び販売
　⑵　家具, 什器類の製造及び販売
　⑶　光学機械の販売
　⑷　前各号に附帯又は関連する一切の事業
（本店所在地）
第3条　当会社は, 本店を東京都○○区に置く。
（公告の方法）
第4条　当会社の公告は, 官報に掲載して行う。

第2章　株　式

（発行可能株式総数）
第5条　当会社の発行可能株式総数は, 100株とする。
（株券の不発行）
第6条　当会社の発行する株式については, 株券を発行しない。
（株式の譲渡制限）
第7条　当会社の発行する株式の譲渡による取得については, 取締役の承認を受けなければならない。ただし, 当会社の株主に譲渡する場合は承認したものとみなす。

> 📝　取締役の員数が1名の場合でも, 商業登記上, 当該取締役が代表取締役となることから, 本条本文の「取締役の承認」を「代表取締役の承認」とすることも可能である。

（基準日）
第8条　当会社は, 毎事業年度末日の最終の株主名簿に記載又は記録された議決権を有する株主をもって, その事業年度に関する定時株主総会において権利を行使することができる株主とする。
　2　第1項のほか, 必要があるときは, 取締役は, あらかじめ公告して

一定の日の最終の株主名簿に記載又は記録されている株主又は登録株
式質権者をもって，その権利を行使することができる株主又は登録株
式質権者とする。

第3章　株主総会

（招集時期）

第9条　当会社の定時株主総会は，毎事業年度の終了後3か月以内に招集
し，臨時株主総会は，必要がある場合に招集する。

（招集権者）

第10条　株主総会は，法令に別段の定めがある場合を除き，取締役が招集
する。

（招集通知）

第11条　株主総会の招集通知は，当該株主総会で議決権を行使することが
できる株主に対し，会日の3日前までに発する。

（株主総会の議長）

第12条　株主総会の議長は，取締役がこれに当たる。

2　取締役に事故があるときは，当該株主総会で議長を選出する。

（株主総会の決議）

第13条　株主総会の決議は，法令又は定款に別段の定めがある場合を除き，
出席した議決権を行使することができる株主の議決権の過半数をもっ
て行う。

（議事録）

第14条　株主総会の議事については，開催日時，場所，出席した役員並び
に議事の経過の要領及びその結果，その他法務省令で定める事項を記
載又は記録した議事録を作成し，議長及び出席した取締役がこれに署
名押印若しくは記名押印又は電子署名をし，10年間本店に備え置く。

第4章　取締役

（取締役の員数）

第15条　当会社の取締役は，1名とする。

（取締役の資格）

第16条　取締役は，当会社の株主の中から選任する。ただし，必要がある
ときは株主以外の者から選任することを妨げない。

（取締役の選任）

第17条　取締役は，株主総会において，議決権を行使することができる株
主の議決権の3分の1以上を有する株主が出席し，その議決権の過半
数の決議によって選任する。

2　取締役の選任については，累積投票によらない。

（取締役の任期）

第18条　取締役の任期は，選任後10年以内に終了する事業年度のうち最終のものに関する定時株主総会の終結時までとする。

第5章　計　算

（事業年度）

第19条　当会社の事業年度は，毎年4月1日から翌年3月31日までの年1期とする。

（剰余金の配当）

第20条　剰余金の配当は，毎事業年度末日現在の株主名簿に記載又は記録された株主又は登録株式質権者に対して行う。

（配当の除斥期間）

第21条　剰余金の配当が，その支払の提供の日から3年を経過しても受領されないときは，当会社は，その支払義務を免れるものとする。

第6章　附　則

（設立に際して発行する株式）

第22条　当会社の設立に際して発行する株式の数は50株とし，その発行価額は1株につき金1万円とする。

（設立に際して出資される財産の価額又はその最低額及び資本金）

第23条　当会社の設立に際して出資される財産の価額は，金50万円とする。

　　2　当会社の成立後の資本金の額は，金50万円とする。

（最初の事業年度）

第24条　当会社の最初の事業年度は，当会社成立の日から令和○年3月31日までとする。

（設立時取締役）

第25条　当会社の設立時取締役は，次のとおりである。

　　設立時取締役　甲野一郎

> ☞　取締役が1人でも商業登記に代表取締役名が記載されることになるので，以下のような記載例もある。
>
> 　　（設立時取締役及び設立時代表取締役）
> 　　**第25条**　当会社の設立時取締役及び設立時代表取締役は，次のとおりである。
> 　　　　設立時取締役　　　甲野一郎
> 　　　　設立時代表取締役　甲野一郎

（発起人の氏名，住所及び引受株）

第26条　発起人の氏名，住所及び設立に際して割当てを受ける株式の数並

びに株式と引換えに払い込む金銭の額は，次のとおりである。
東京都○○区□□○丁目○番○号　50株，50万円
発起人　甲野一郎

　　　☞　発起人の住所と氏名は，印鑑証明書記載のとおり記載することを要する。

(法令の準拠)
第27条　この定款に規定のない事項は，全て会社法その他の法令に従う。

　以上，東京ＡＢＣ株式会社設立のためこの定款を作成し，発起人が次に記名押印する。
　令和○年○月○日

　　　　　　　　　　　発起人　　　　甲野一郎　　　　（実印）

参考2　取締役複数の非取締役会設置会社の定款記載例

（非公開会社，株券不発行，取締役2名・代表取締役設置，監査役（会計監査限定）

設置，会計参与非設置，発起設立，現物出資がある場合も想定）

東京ＡＢＣ株式会社定款

第1章　総　則

（商号）

第1条　当会社は，東京ＡＢＣ株式会社と称する。

> 🤚(1)　定款の絶対的記載事項（会社法27条2号）
>
> 　(2)　ローマ字商号及び英文表示を採用した場合の記載例（英文表示は商業
> 登記には記載されない。）
>
> > **第1条**　当会社は，東京ＡＢＣ株式会社と称し，英文では，TOK
> > YO ABC CO.,LTD.と表示する。

（目的）

第2条　当会社は，次の事業を行うことを目的とする。

　(1)　家庭電化用品の製造及び販売

　(2)　家具，什器類の製造及び販売

　(3)　光学機械の販売

　(4)　前各号に附帯又は関連する一切の事業

> 🤚　定款の絶対的記載事項（会社法27条1号）

（本店所在地）

第3条　当会社は，本店を東京都○○区に置く。

> 🤚(1)　定款の絶対的記載事項（会社法27条3号）
>
> 　(2)　本店所在地は，本店の所在する最小行政区画（市町村その他これに準
> ずる地域（東京都の場合は特別区，政令指定都市では市）でよい。
>
> 　　しかし，既に本店所在地が番地まで確定し，今後も変更予定がないよ
> うな場合には，以下のように本店所在地の番地まで確定して記載する方
> 法もある。
>
> > **第3条**　当会社は，本店を東京都○○区□□○丁目○番○号に置
> > く。

（公告の方法）

第4条　当会社の公告は，官報に掲載して行う。

☞(1)　公告方法として，①官報に掲載する方法，②時事に関する事項を掲載
する日刊新聞紙に掲載する方法，③電子公告のいずれかを定款で定める
ことができる（会社法939条1項）。

(2)　定款に記載又は記録がない場合の公告方法は，官報となる（同条4
項）。

(3)　電子公告を公告方法とする定めの記載例（予備的定めの記載例）

第4条　当会社の公告は，電子公告により行う。ただし，電子公告に
よることができない事故その他やむを得ない事由によって電子
公告ができない場合が生じたときは，○○新聞に掲載して行う。

第2章　株　式

（発行可能株式総数）

第5条　当会社の発行可能株式総数は，1,000株とする。

☞(1)　会社の「発行可能株式総数」は，定款の絶対的記載事項ではないが，
発起設立の場合，これを原始定款で定めていないときは，会社の成立
（設立登記）の時までに，発起人全員の同意を得て定款を変更する必要
がある（会社法37条1項。ただし，この場合，公証人の定款変更の認証
は不要。）。

(2)　公開会社の場合には，設立時発行株式の総数は発行可能株式総数の4
分の1を下ることはできないが，非公開会社の場合にはこのような制限
はない（会社法37条3項）。なお，設立時発行株式の数については，本
定款第36条参照。

（株券の不発行）

第6条　当会社の発行する株式については，株券を発行しない。

☞　会社法では，株券不発行が原則である（上場会社は，株券の電子化によ
り全て株券不発行会社である。）。

なお，定款で定めれば株券の発行は可能である（会社法214条）。株券発
行会社の定款の記載例は，後掲「参考3：取締役会設置会社の定款記載
例」の第6条参照。

（株式の譲渡制限）

第7条　当会社の発行する株式の譲渡による取得については，代表取締役
の承認を受けなければならない。ただし，当会社の株主に譲渡する場
合は承認があったものとみなす。

2　代表取締役が譲渡を承認しない場合には，代表取締役が指定買取人
を指定することができる。

☝(1)　株式の譲渡制限会社（非公開会社）とは，全部の株式について譲渡を制限する会社のことをいう（会社法2条5号参照）。

　　本条第1項関係につき，譲渡制限会社において譲渡承認の決定をするには，株主総会（取締役会設置会社にあっては，取締役会）の決議を要するが，定款で別段の定めをすることができる（会社法139条1項）。したがって，例えば，定款で取締役や代表取締役等を承認機関と定めることができる。

(2)　本条第2項関係につき，株式の譲渡を不承認にしたときは，会社は，株主総会の特別決議（指定買取人の指定については，取締役会設置会社にあっては，取締役会の決議）をもって対象となる譲渡制限株式を買い取るか，指定買取人を指定するかしなければならない（会社法140条，309条2項1号）。ただし，指定買取人の指定については，定款に定めることにより，あらかじめ指定すること（先買権者の指定）や株主総会（取締役会）以外の機関の決定に委ねることができる（同法140条5項）。本条第2項は，指定買取人の指定を代表取締役に委ねたものである。

（相続人等に対する売渡請求）

第8条　当会社は，相続，合併その他の一般承継により当会社の譲渡制限の付された株式を取得した者に対し，当該株式を当会社に売り渡すことを請求することができる。

☝　会社法は，定款に定めることによって，相続その他一般承継により会社にとって好ましくない者が会社の株式（譲渡制限株式に限る。）を取得した場合に，株主総会の特別決議によって当該株式を会社に売り渡すことを請求できることとした（会社法174条〜177条，309条2項3号）。

（株主名簿記載事項の記載の請求）

第9条　当会社の株式の取得者が株主の氏名等株主名簿記載事項を株主名簿に記載又は記録することを請求するには，当会社所定の書式による請求書にその取得した株式の株主として株主名簿に記載若しくは記録された者又はその相続人その他の一般承継人と株式の取得者が署名又は記名押印し，共同して提出しなければならない。ただし，利害関係人の利益を害するおそれがないものとして法務省令に定める場合は，株式取得者が単独で上記請求をすることができる。

☝　会社法においては，株券不発行が原則とされたことに伴い，株主名簿の記載が正確になされるよう，名義書換請求権及びその行使が原則として取得者と名簿上の株主又はその一般承継人との共同でなされるべきことが明

　文化された（会社法133条２項）。

　　ただし，①株券不発行会社（本定款の場合）においては，法務省令（会社法施行規則22条１項各号の11項目（例えば，株式取得者が所定の確定判決を得，その判決内容を証する書面等を提出したとき等）に定める場合は，利害関係人の利益を害するおそれがないものとして，株式取得者が単独請求できるし，また，②株券発行会社においては，法務省令（会社法施行規則22条２項各号の６項目（例えば，株式取得者が株券を提示して請求をしたとき等）の場合にも，同様な理由から株式取得者が単独で名義書換請求ができる（会社法133条２項，会社法施行規則22条１項・２項）。

（質権の登録及び信託財産表示請求）

第10条　当会社の発行する株式につき質権の登録，変更若しくは抹消，又は信託財産の表示若しくは抹消を請求するには，当会社所定の書式による請求書に当事者が署名又は記名押印しなければならない。

(1)　株式の質入れは，質権者の氏名等を株主名簿に記載（記録）しなければ会社その他第三者に対抗できず，さらに株券発行会社では，株券の占有の継続も対抗要件とされている（会社法147条１項・２項）。
　　なお，質権設定者は単独で株主名簿に記載の請求ができる（会社法148条）。しかし，定款で質権設定者と質権者の連署で請求すべきものと定めることはできるものと解され，定款の記載例はほとんどそのようである。

(2)　信託財産の表示の請求については，平成18年改正信託法により，同改正前信託法３条２項（信託財産表示の請求は，委託者又は受託者により行うことできる旨の規定）が削除され，会社法154条の２が新設された。同条によれば，株券不発行会社では，信託財産に属する旨を株主名簿に記載又は記録しなければ会社その他の第三者に対抗することができず，株主は信託財産に属する旨の記載又は記録の請求をすることができるが（会社法154条の２第１項～３項），株券発行会社においては，同条１項から３項までが適用されないと定められ（同条４項），第三者に対して信託財産であることを主張できるか否かは，実体的に信託財産であることが証明できるか否によるものと解されている。株券発行会社においては，この意味では株主名簿の信託財産表示は対抗要件とはならないが，その証明の点では意味があると思われる。平成18年改正前信託法の下においても，本定款例のように信託財産表示請求につき当事者が請求する旨や，委託者又は受託者が請求する旨定める定款が多かったが，会社法154条の２の新設以降も，これらの定めは許容されると解される（田村洋三監修『会社法定款事例集 定款の作成及び認証，定款変更の実

務詳解』（日本加除出版，第3版，2015）134頁参照）。

（手数料）

第11条　当会社の株式の株主名簿記載事項の記載の請求，質権の登録又は
信託財産表示請求をする場合には，当会社所定の手数料を支払わなけ
ればならない。

> ✍　本条のように手数料徴収の規定を設けるのは，主に濫用的請求に対処す
> るためであるが，近年では濫用的請求が少なくなったこともあって，この
> 定めを置かない定款例も少なくないようである。

（株主の住所等の届出）

第12条　当会社の株主及び登録質権者又はその法定代理人若しくは代表者
は，当会社の所定の書式により，その氏名・住所及び印鑑を当会社に
届け出なければならない。届出事項に変更を生じたときも，その事項
につき，同様とする。

> ✍　定款で本条のような条項を設けて，株主等の権利者にその氏名・住所及
> び印鑑の届出義務を課し，各種通知や本人確認に使用している会社が多い
> ようである。

（株式の割当てを受ける権利等の決定）

第13条　当会社は，当会社の株式（自己株式の処分による株式を含む。）
及び新株予約権を引き受ける者の募集において，株主に株式又は新株
予約権の割当てを受ける権利を与える場合には，その募集事項，株主
に当該株式又は新株予約権の割当てを受ける権利を与える旨及びその
申込みの期日は，取締役の決定によって定める。

> ✍　非公開会社においては，募集株式，自己株式の処分又は新株予約権の募
> 集事項の決定は，株主総会の特別決議によって行うことを原則とするが
> （会社法199条2項，238条2項，309条2項5号・6号），株主に対して株
> 式の割当てを受ける権利を与える場合に限っては，定款に定めることによ
> り，その決定を取締役（取締役会設置会社を除く。）又は取締役会の決議
> によることができる（同法202条3項，241条3項）ことから，これを定
> 款で定める利点がある。

（基準日）

第14条　当会社は，毎事業年度末日の最終の株主名簿に記載又は記録され
た議決権を有する株主をもって，その事業年度に関する定時株主総会
において権利を行使することができる株主とする。

2　前項のほか，必要があるときは，取締役の過半数の決定により，あらかじめ公告して，一定の日の最終の株主名簿に記載又は記録されている株主又は登録株式質権者をもって，その権利を行使することができる株主又は登録株式質権者とする。

(1)　基準日制度は，一定の日において株主名簿に記載又は記録されている株主又は登録株式質権者をもって，株主総会で議決権を行使したり，利益配当を受けるなどの権利を行使できるものとするという制度である（会社法124条。ただし，登録株式質権者は，株主総会で議決権を行使できない。）。

(2)　基準日を定めたときは，当該基準日の２週間前までに当該基準日及び基準日株主が行使できる権利の内容を公告しなければならないが（会社法124条３項本文），本条１項のように定款に当該基準日等の定めがあるときは，公告を要しないという利点がある（同項ただし書）。

第３章　株主総会

（招集時期）

第15条　当会社の定時株主総会は，毎事業年度の終了後３か月以内に招集し，臨時株主総会は，必要がある場合に招集する。

(1)　定時株主総会は，毎事業年度の終了後一定の時期に招集することを要する（会社法296条１項）。定時総会の定め方としては，一般に，①「毎年○月に招集する。」という方式と②「毎事業年度の末日の翌日（あるいは毎事業年度の終了後）から３か月以内に招集する。」という方式（本定款）がある。

　後者の②の方式は，前記第14条第１項で基準日を「毎事業年度末日」と定めていること及び会社法124条２項で基準日の効力の及ぶ範囲が最長３か月と規定されていることとの関係による。

(2)　他方，法人税の確定申告期限は，原則として各事業年度終了の日の翌日から２か月以内である（法人税法74条１項）。しかし，法人税法75条の２第１項柱書きは，定款等の定めにより，又は会社に特別の事情があることにより，当該事業年度以後の各事業年度終了の日の翌日から２か月以内に当該各事業年度の決算についての定時総会が招集されない常況にあると認められる場合には，所轄税務署長は，その会社の申請に基づき，当該事業年度以後の各事業年度の法人税確定申告書の提出期限を１か月間（同項１号及び２号に掲げる場合に該当する場合には，当該各号に定める期間）延長することができる旨（延長が許可されると，延長後の毎事業年度の申告書の提出期限が３か月以内に延長される。）規定し

ているので，決算の遅れ等によっては，顧問税理士等と相談の上，本定款15条のように，定款の規定に定時株主総会の招集時期が「毎事業年度の終了後3か月以内」と記載されていることなどを根拠に，申告期限の延長申請をすることを考慮に入れる余地があると思われる。

（招集権者）
第16条　株主総会は，法令に別段の定めがある場合を除き，取締役社長が招集する。ただし，取締役社長に事故があるときは，あらかじめ取締役の過半数をもって定めた順序により，他の取締役が招集する。

(1)　株主総会の招集は，原則として，非取締役会設置会社では取締役の過半数で決し（会社法298条1項），取締役会設置会社では取締役会の決議により（同条4項），取締役（代表取締役を定めているときは代表取締役（取締役社長）とすることが多い。）がこれを招集する（同法296条3項，349条）。
(2)　本条ただし書のように招集権者に事故があるときの代行について定款に記載することが多い。

（招集通知）
第17条　株主総会の招集通知は，当該株主総会で議決権を行使することができる株主に対し，会日の3日前までに発する。ただし，書面投票又は電子投票を認める場合は，会日の2週間前までに発するものとする。
2　前項の規定にかかわらず，株主総会は，その総会において議決権を行使することができる株主の全員の同意があるときは，書面投票・電子投票を認める場合を除き，招集の手続を経ることなく開催することができる。

(1)　総会の決議事項及び招集通知の関係は，以下の表のようになる。

	取締役会設置会社	非取締役会設置会社
株主総会の決議事項	会社法及び定款で定めた事項（会社法295条2項）	全ての事項（会社法295条1項）
総会の招集通知（会社法299条）	2週間前までに発出（ただし，非公開会社は1週間前まで）	1週間前（定款で更に短縮可）までに発出
	書面又は電磁的方法による通知	口頭でも可能
	会議の目的事項の記載・記録が必要	会議の目的事項の記載・記録が不要

　　※　非公開会社では，取締役会設置会社及び非取締役会設置会社でも，
　　　書面投票・電子投票を認めるときは２週間前までに総会の招集通知を
　　　発する必要があり（会社法299条１項），また，この場合，招集通知は
　　　書面又は電磁的方法によることを要するし（同条２項・３項），招集
　　　通知には会議の目的事項を記載・記録することを要する（同条４項）。
　⑵　議決権を行使することができる全ての株主の同意があるときは，書
　　　面投票・電子投票を認める場合を除き，招集の手続を経ることなく開
　　　催することができる（会社法300条）。

（株主総会の議長）
第18条　株主総会の議長は，取締役社長がこれに当たる。
　２　取締役社長に事故があるときは，当該株主総会で議長を選出する。

　　旧商法237条の４第１項のような「総会の議長は定款に定めがないとき
　は，総会で選任する。」との規定は，会社法には存在しない。その理由
　は，定款に定める例が多いから，あえて規定しなかったものと思われる。

（株主総会の決議）
第19条　株主総会の決議は，法令又は定款に別段の定めがある場合を除き，
　　　出席した議決権を行使することができる株主の議決権の過半数をもっ
　　　て行う。
　２　会社法第309条第２項の定めによる決議は，定款に別段の定めがあ
　　　る場合を除き，議決権を行使することができる株主の議決権の３分の
　　　１以上を有する株主が出席し，その議決権の３分の２以上をもって行う。

⑴　会社法第309条第１項「普通決議」
　→株主総会の決議は，定款に別段の定めがある場合を除き，①議決権を
　　行使することができる株主の議決権の過半数を有する株主が出席（定
　　足数の軽減（排除）又は加重可。本定款では定足数を排除。）＋②出
　　席した議決権を行使することができる株主の議決権の過半数（決議要
　　件は加重可）で行う。
⑵　会社法309条２項「特別決議」（例えば，役員の会社に対する責任の一
　　部免除（425条）等）
　→①議決権を行使することができる株主の議決権の過半数を有する株主
　　（定款で３分の１以上と定めること可）が出席＋②その議決権の３分
　　の２以上（定款でこれを上回る割合を定めること可）の多数でもって
　　行う。

（決議の省略）
第20条　取締役又は株主が株主総会の目的である事項について提案をした

場合において，当該提案について議決権を行使することができる株主の全員が提案内容に書面又は電磁的記録によって同意の意思表示をしたときは，当該提案を可決する旨の株主総会の決議があったものとみなす。

> ☞　本条は，株主総会の提案事項について議決権を行使することができる株主全員が書面又は電磁的記録によって同意の意思表示をしたときは，株主総会を省略して，総会決議があったものとみなす「書面決議の制度」である（会社法319条1項）。
> なお，株主が多数いる会社では，この制度の利用は困難である。

（議事録）
第21条　株主総会の議事については，開催日時，場所，出席した役員並びに議事の経過の要領及びその結果，その他法務省令で定める事項を記載又は記録した議事録を作成し，議長及び出席した取締役がこれに署名押印若しくは記名押印又は電子署名をし，10年間本店に備え置く。

> ☞　株主総会の議事については，会社法施行規則72条に基づいて議事録を作成することを要し（会社法318条1項），株主総会の日から10年間，当該議事録を会社本店に備え置くことを要する（同条2項）。

第4章　取締役及び代表取締役

（取締役の員数）
第22条　当会社の取締役は，3名以内とする。

> ☞　株式会社の取締役の必要員数は，非取締役会設置会社と取締役会設置会社とでは，以下のように異なる。

	取締役の必要員数
非取締役会設置会社	1人又は2人以上（会社法326条1項）
取締役会設置会社	3人以上（会社法331条5項）

（取締役の資格）
第23条　取締役は，当会社の株主の中から選任する。ただし，必要があるときは株主以外の者から選任することを妨げない。

> ☞　非公開会社においては，定款で取締役を株主に限ることができる（公開会社では不可。会社法331条2項）。

（取締役の選任）

第24条 取締役は，株主総会において，議決権を行使することができる株主の議決権の3分の1以上を有する株主が出席し，その議決権の過半数の決議によって選任する。

2 取締役の選任については，累積投票によらないものとする。

(1) 会社法341条（役員の選任・解任の総会の普通決議）
→①議決権を行使することができる株主の議決権の過半数の株主（定款で3分の1以上と定めること可）が出席＋②その議決権の過半数（定款でこれを上回る割合を定めること可）の決議をもって行う。
(2) 2人以上の取締役を選任する場合，定款に別段の定めがあるときを除き，株主から株主総会の日の5日前までに請求があった場合，累積投票によることを要する（会社法342条）ことから，累積投票制度を排除するには定款に記載することを要する。

（取締役の任期）
第25条 取締役の任期は，選任後10年以内に終了する事業年度のうち最終のものに関する定時株主総会の終結時までとする。

2 任期満了前に退任した取締役の補欠として，又は増員により選任された取締役の任期は，他の在任取締役の任期の残存期間と同一とする。

(1) 非公開会社では，取締役の任期は原則2年（ただし，定款又は株主総会の決議で任期の短縮可）である（会社法332条1項）。
(2) ただし，非公開会社（監査等委員会設置会社及び指名委員会等設置会社を除く。）では，定款により，取締役の任期を選任後10年以内に終了する事業年度のうち最終のものに関する定時株主総会の終結時まで伸長できる（会社法332条2項）。
(3) 補欠又は増員によって通常の改選時期と異なる時期に選任された取締役は，他の取締役と改選時期がずれることから，他の取締役会の任期の満了と符合させるため，本条2項のような調整規定を定款で設けるのが通常である。

（補欠取締役）
第26条 会社法第329条第3項の規定による補欠の取締役の選任に係る決議が効力を有する期間は，当該決議後10回目に開催する定時株主総会の開始の時までとする。ただし，株主総会の決議によってその期間を短縮することを妨げない。

補欠の取締役の選任に係る決議が効力を有する期間は，定款で別段の定めがある場合を除き，当該決議後最初に開催する定時株主総会の開始の時までである（会社法施行規則96条3項）ことから，当該期間の伸長を定款

で定める利点がある。

(代表取締役及び社長)

第27条　取締役を複数置く場合には，代表取締役1名を置き，取締役の互選により定める。

　2　代表取締役は，社長とし，会社を代表し，会社の業務を執行する。

☞(1)　取締役が複数いる場合は，代表取締役を定めない限り，取締役が各自会社の代表権を有することになる（会社法349条）。しかし，実務上，代表取締役を定めている場合が大半である。

　　なお，株式会社（取締役会設置会社は除く。）は，①定款，②定款の定めに基づく取締役の互選又は③株主総会の決議によって，取締役の中から代表取締役を定めることができる（会社法349条3項）。

　(2)　非取締役会設置会社では，取締役が2人以上ある場合は，会社の業務の決定は，定款に別段の定めがある場合を除き，取締役の過半数でもってする（会社法348条2項。なお，取締役会設置会社の業務執行の決定は，取締役会が行う。）。

(取締役の報酬及び退職慰労金)

第28条　取締役の報酬及び退職慰労金は，株主総会の決議によって定める。

☞　取締役の報酬，賞与その他の職務執行の対価として株式会社から受ける財産上の利益についての額等は，定款で定めていないときは，株主総会の決議によって定める（会社法361条1項）。

第5章　監査役

(監査役の設置，員数，選任)

第29条　当会社に監査役1名を置く。

　2　監査役は，株主総会の決議によって選任する。

　3　監査役の選任決議は，議決権を行使することができる株主の議決権の3分の1以上を有する株主が出席し，その議決権の過半数をもって行う。

☞(1)　株式会社は，定款の定めによって，取締役会，会計参与，監査役，監査役会，会計監査人，監査等委員会又は指名委員会等を置くことができる（会社法326条2項）。監査役の員数に制限はない。

　(2)　監査役は，株主総会の決議によって選任される（会社法329条1項）。

　(3)　監査役の選任決議は，株主総会の普通決議による（同法341条）。なお，当該普通決議の要件については，前記第24条の☞(1)参照。

（監査役の権限）
第30条　監査役の監査の範囲は，会計に関するものに限定する。

  ☞　非公開会社（監査役会設置会社及び会計監査人設置会社を除く。）においては，定款で監査役の監査の範囲を会計に関するものに限定することができ（会社法389条1項），その定款の定めは登記事項となる（同法911条3項17号イ）。

（監査役の任期）
第31条　監査役の任期は，選任後4年以内に終了する事業年度のうち最終のものに関する定時株主総会の終結の時までとする。
　2　補欠により選任された監査役の任期は，退任した監査役の任期の満了する時までとする。

  ☞(1)　非公開会社では，監査役の任期は原則4年（定款等でその任期の短縮不可）である（会社法336条1項）。
  (2)　非公開会社では，定款により，監査役の任期を選任後10年以内に終了する事業年度のうち最終のものに関する定時株主総会の終結時まで伸長できる（会社法336条2項）。
  (3)　監査役を1名しか置かない場合でも，本条第2項のように補欠監査役の任期の短縮規定を設けることができると解されている（会社法329条3項，336条3項参照）。

（監査役の報酬及び退職慰労金）
第32条　監査役の報酬及び退職慰労金は，株主総会の決議によって定める。

  ☞　監査役の報酬等は，定款にその額の定めがないときは，株主総会の決議によって定める（会社法387条1項）。

第6章　計　算
（事業年度）
第33条　当会社の事業年度は，毎年4月1日から翌年3月31日までの年1期とする。

  ☞　事業年度は，1年を超えることはできないが，1年を2事業年度以上に分けてもよい。しかし，大半の会社は1年を事業年度としている。

（剰余金の配当）
第34条　剰余金の配当は，毎事業年度末日現在の株主名簿に記載又は記録された株主又は登録株式質権者に対して行う。

　　　株式会社は，株主に対し，剰余金の配当ができる（会社法453条）。通常
　　の配当については，回数の制限を設けずに，株主総会の決議によって年に
　　何回でもできる（同法453条，454条１項）。
　　　ただし，株式会社の純資産額が300万円を下回る場合及び配当が分配可
　　能額を超える場合には，剰余金の配当をすることができない（会社法458
　　条，461条）。

（配当の除斥期間）
第35条　剰余金の配当が，その支払の提供の日から３年を経過しても受領
　　されないときは，当会社は，その支払義務を免れるものとする。

　　　株主の利益配当請求権の除斥期間を定めたものである。除斥期間は通常
　　３年と定める会社が多いようである。

第7章　附　則

（設立に際して発行する株式）
第36条　当会社の設立に際して発行する株式の数は300株とし，その発行
　　価額は１株につき金１万円とする。

　　　「発行済株式の総数並びにその種類及び種類ごとの数」は，株式会社の
　　設立登記事項である（会社法911条３項９号）ので，定款作成時に設立時
　　発行株式数が確定しているときは，定款上もこれを記載しておいた方がよ
　　いと思われる。
　　　ただし，設立時発行株式数が変わる可能性があるときは，定款にこれを
　　記載せず，設立登記申請までに発起人全員の同意によって定めることがで
　　きる（会社法32条１項）。

（設立に際して出資される財産の価額又はその最低額及び資本金）
第37条　当会社の設立に際して出資される財産の価額は，金300万円とす
　　る。
　２　当会社の成立後の資本金の額は，金300万円とする。

　(1)　「設立に際して出資される財産の価額又はその最低額」は，定款の絶
　　対的記載事項である（会社法27条４号）。
　(2)　「設立に際して出資される財産の価額」と「その最低額」は選択的に
　　いずれかを定めればよいが，「設立に際して出資される財産の価額」を
　　定めた場合，出資の額はその価額に限られることとなり，これを超える
　　金銭の払込みや現物出資がされても，設立時発行株式の割当てができ
　　ず，定款を変更して出資される財産の額を増額することが必要となる。

　これに対し，「その最低額」を定めた場合には，これを超える出資は可能である。したがって，出資の見込みが確定していない場合は「その最低額」の定めをすることが適当であると思われる。

　しかし，大半の中小規模の会社においては，定款作成段階で出資される財産の価額が確定し，発起人によってその出資の履行も確約されている場合が多いと思われる。この場合は，確定額を記載すればよいことになる。

(3)　設立に際して出資される財産の価額につき，「その最低額」を定款で定めてもよいとすることは，設立の際に発行する株式の失権効を認めたものと解されている。すなわち，発起人は，設立時発行株式を1株以上引き受ける必要があるが（会社法25条2項），実際に発起人が引き受けた1株以上の出資を履行（払込み又は給付）さえすれば，当初引き受けていた残りの株式の出資の履行がなくても，出資の履行のあった分だけで設立時発行株式数とすることができる（同法34条，36条3項，63条参照）。

　したがって，設立に際して出資される財産の価額が確定し，その出資の履行が確実であるときは，確定額及び設立時発行株式数を定款に記載し，そうでない場合には，最低額のみを記載すればよいものと解される（Q19参照）。

(4)　本条第2項においては，成立後の会社の資本金の額を記載したものであるが，成立後の会社の資本金及び資本準備金の額に関する事項は，定款に定めがある場合を除き，発起人全員の同意を得て定めることを要する（会社法32条1項3号）ことから，事前にこれらの事項を定款で定めておく利点がある（資本準備金はその計上がなければ定款に記載する必要はない。）。

(5)　なお，「設立に際して出資される財産の最低額」及び「成立後の資本金の額」を掲げる定款例は，以下のようになる。この場合，定款作成時には，設立時発行株式の数も確定できないので，前記第36条の設立に際して発行する株式数は定款に記載しない方がよい（第36条自体が不要）と解される。

（設立に際して出資される財産の最低額及び成立後の資本金の額）

　第37条　当会社の設立に際して出資される財産の最低額は金300万円とし，出資された財産の全額を成立後の資本金の額とする。

（最初の事業年度）

第38条　当会社の最初の事業年度は，当会社成立の日から令和○年3月31日までとする。

☞ 事業年度は，前記第33条の☜記載のとおり1年を超えることができないが，最初の事業年度は，特に注意を要する。例えば，令和2年3月10日に，最初の事業年度を「当会社成立の日から令和3年3月31日までとする」という定款の認証を受けた場合，令和2年3月31日までに設立登記手続をすると，最初の事業年度が1年を超えることになるので，その登記申請手続は，4月1日以降にする必要がある。

（設立時役員）

第39条 当会社の設立時役員は，次のとおりである。
　　　　設立時取締役　　　　甲野一郎，乙野次郎
　　　　設立時監査役　　　　丁野四郎
　　　　設立時代表取締役　　甲野一郎

☞ 発起設立及び募集設立のいずれの場合でも，設立時取締役，設立時監査役のほか，設立時代表取締役も，定款で定めることができる（会社法38条4項参照）。

（発起人の氏名，住所及び引受株）

第40条 発起人の氏名，住所及び設立に際して割当てを受ける株式の数並びに株式と引換えに払い込む金銭の額は，次のとおりである。
　　　　東京都○○区□□○丁目○番○号　100株，100万円
　　　　　　　　　　　　　　　　　　　　発起人名　甲野一郎
　　　　東京都○○区□□○丁目○番○号　100株，100万円
　　　　　　　　　　　　　　　　　　　　発起人名　乙野次郎
　　　　東京都○○区□□○丁目○番○号　100株，100万円
　　　　　　　　　　　　　　　　　　　　発起人名　丙野三郎

☞1(1) 発起人の氏名及び住所は定款の絶対的記載事項である（会社法27条5号）。なお，定款の各発起人の住所と氏名は，印鑑証明書記載のとおり記載することを要する。

(2) 本条においては，「各発起人が割当てを受ける設立時発行株式の数（引受株式数）並びにその株式と引換えに払い込む金銭の額（払込金額）」が記載されているが，①発起人の引受株式数と②その払込金額に関する事項は，定款に定めがないときは，設立登記申請の時までに発起人全員の同意を得て定めることを要する（会社法32条1項1項・2号。なお，この発起人の同意書の記載例については，Q28参照）。したがって，事前にこれらの事項を定款で定めておく利点がある。

(3) 発起人の引受株式数とその払込金額が変わる可能性がある場合には，株式の失権効が認められている（Q19参照）こととの関係上，①

定款作成時における各発起人の引受済みの株式数を記載するか（さらにその払込金額の記載も可），あるいは，②発起人の氏名及び住所のみを記載して，確定した発起人の引受株式数とその払込金額は，設立登記申請までに発起人全員の同意を得て定めることになると解される。この場合，設立に際して出資される財産の価額も，「その最低額」を記載することになると解される。

　この場合の記載例は以下のようになる（便宜上，「設立に際して出資される財産の最低額」も記載した。）。

（設立に際して出資される財産の最低額及び成立後の資本金の額）

第○○条　当会社の設立に際して出資される財産の最低額は金300万円とし，出資された財産の全額を成立後の資本金の額とする。

（発起人の氏名及び住所）

第○○条　当会社の発起人の氏名及び住所は，次のとおりである。

東京都○○区□□○丁目○番○号

発起人名　甲野一郎

東京都○○区□□○丁目○番○号

発起人名　乙野次郎

東京都○○区□□○丁目○番○号

発起人名　丙野三郎

☝2　現物出資がある場合の記載例は，以下のようになる（なお，現物出資については，①その価額（財産引受けの価額との合計総額）が500万円以下の場合，②市場価格のある有価証券の場合（ただし，定款記載の価額がその市場価格を超えないときに限る），③弁護士・弁護士法人・公認会計士・監査法人・税理士又は税理士法人の証明を受けた場合には，いずれも検査役の調査が不要（会社法33条10項）。）。

A　一部の発起人が現物出資のみを行う場合

（発起人の氏名，住所及び引受株）

第40条　発起人の氏名，住所及び設立に際して割当てを受ける株数並びに株式と引換えに払い込む金銭の額は，次のとおりである。

東京都○○区□□○丁目○番○号　100株，0円

発起人名　甲野一郎

ただし，甲野一郎は，次項に定める現物出資のみを行う。

東京都○○区□□○丁目○番○号　100株，100万円

発起人名　乙野次郎

東京都○○区□□○丁目○番○号　100株，100万円

発起人名　丙野三郎

2　現物出資をする者の氏名又は名称，当該財産及びその価
額並びにその者に対して割り当てる設立時発行株式の数は
次のとおりである。

(1)　出資者　発起人　甲野一郎

(2)　出資財産及びその価額

①　出資財産　○○製普通乗用自動車（車種○○　型式
番号○○○○，車体番号○○○○）1台

価額　　　　　　　金80万円

割り当てる株式の数　80株

②　出資財産　パーソナルコンピュータ（○○株式会社
令和○年製，型番○○○○，製造番号○○
○○）1台

価額　　　　　　　金20万円

割り当てる株式の数　20株

B　一部の発起人が金銭出資のほかに現物出資も行う場合

（発起人の氏名，住所及び引受株）

第40条　発起人の氏名，住所及び設立に際して割当てを受ける株数
並びに株式と引換えに払い込む金銭の額は，次のとおりであ
る。

東京都○○区□□○丁目○番○号　100株，10万円

発起人名　甲野一郎

ただし，甲野一郎は，金銭出資と共に次項に定める現物出資
を行う。

東京都○○区□□○丁目○番○号　100株，100万円

発起人名　乙野次郎

東京都○○区□□○丁目○番○号　100株，100万円

発起人名　丙野三郎

2　現物出資をする者の氏名又は名称，当該財産及びその価額並
びにその者に対して割り当てる設立時発行株式の数は次のとお
りである。

(1)　出資者　発起人　甲野一郎

(2)　出資財産及びその価額

①　出資財産　○○製普通乗用自動車（車種○○　型式番
号○○○○，車体番号○○○○）1台

価額　　　　　　　金70万円

割り当てる株式の数　70株

　　　　　　②　出資財産　パーソナルコンピュータ（○○株式会社令
　　　　　　　　　　　　和○年製，型番○○○○，製造番号○○○○）
　　　　　　　　　　１台
　　　　　価額　　　　　　　金20万円
　　　　　割り当てる株式の数　　20株

（法令の準拠）
第41条　この定款に規定のない事項は，全て会社法その他の法令に従う。

　以上，東京ＡＢＣ株式会社設立のためこの定款を作成し，発起人が次に
記名押印する。
　　令和○年○月○日
　　　　　　　　　発起人　　　　甲野一郎　　　（実印）
　　　　　　　　　発起人　　　　乙野次郎　　　（実印）
　　　　　　　　　発起人　　　　丙野三郎　　　（実印）

参考3　取締役会設置会社の定款記載例

（発起設立，非公開会社，株券発行，取締役会・取締役3名・代表取締役設置，監査
役又は会計参与の設置，中間配当あり）

東京ＡＢＣ株式会社定款

第1章　総　則

（商号）

第1条　当会社は，東京ＡＢＣ株式会社と称する。

> ✍(1)　定款の絶対的記載事項（会社法27条2号）
>
> 　(2)　ローマ字商号及び英文表示を採用した場合の記載例（英文表示は商業
> 登記には記載されない。）
>
> > **第1条**　当会社は，東京ＡＢＣ株式会社と称し，英文では，TOK
> > YO ABC CO., LTD.と表示する。

（目的）

第2条　当会社は，次の事業を行うことを目的とする。

　(1)　家庭電化用品の製造及び販売

　(2)　家具，什器類の製造及び販売

　(3)　光学機械の販売

　(4)　前各号に附帯又は関連する一切の事業

> ✍　定款の絶対的記載事項（会社法27条1号）

（本店所在地）

第3条　当会社は，本店を東京都○○区に置く。

> ✍(1)　定款の絶対的記載事項（会社法27条3号）
>
> 　(2)　本店所在地は，本店の所在する最小行政区画（市町村その他これに準
> ずる地域（東京都の場合は特別区，政令指定都市では市）でよい。
>
> 　　　しかし，既に本店所在地が番地まで確定し，今後も変更予定がないよ
> うな場合には，以下のように本店所在地の番地まで確定して記載する方
> 法もある。
>
> > **第3条**　当会社は，本店を東京都○○区□□○丁目○番○号に置く。

（公告の方法）

第4条　当会社の公告は，官報に掲載して行う。

> ✍(1)　公告方法として，①官報に掲載する方法，②時事に関する事項を掲載
> する日刊新聞紙に掲載する方法，③電子公告のいずれかを定款で定める

　　ことができる（会社法939条1項）。
　(2)　定款に記載又は記録がない場合の公告方法は，官報となる（同条4項）。
　(3)　電子公告を公告方法とする定めの記載例（予備的定めの記載例）
　　　第4条　当会社の公告は，電子公告により行う。ただし，電子公告によることができない事故その他やむを得ない事由によって電子公告ができない場合が生じたときは，○○新聞に掲載して行う。

第2章　株　式

（発行可能株式総数）
第5条　当会社の発行可能株式総数は，3,000株とする。

(1)　会社の「発行可能株式総数」は，定款の絶対的記載事項ではないが，発起設立の場合，これを原始定款で定めていないときは，会社の成立（設立登記）の時までに，発起人全員の同意を得て定款を変更する必要がある（会社法37条1項。ただし，この場合，公証人の定款変更の認証は不要。）。
(2)　公開会社の場合には，設立時発行株式の総数は発行可能株式総数の4分の1を下ることはできないが，非公開会社の場合にはこのような制限はない（会社法37条3項）。

（株券の発行）
第6条　当会社の発行する株式については，株券を発行するものとする。
　2　当会社の発行する株券は，1株券，10株券，50株券及び100株券の4種類とする。

会社法では，株券不発行が原則であるが，定款で定めれば株券の発行は可能である（会社法214条）。
なお，上場会社は，株券の電子化により全て株券不発行会社である。

（株式の譲渡制限）
第7条　当会社の発行する株式の譲渡による取得については，取締役会の承認を受けなければならない。ただし，当会社の株主に譲渡する場合は承認したものとみなす。
　2　取締役会が譲渡を承認しない場合には，代表取締役が指定買取人を指定することができる。

(1)　株式の譲渡制限会社（非公開会社）とは，全部の株式について譲渡を

制限する会社のことをいう（会社法2条5号参照）。

　　本条第1項関係につき，譲渡制限会社において譲渡承認の決定をするには，株主総会（取締役会設置会社にあっては，取締役会）の決議を要するが，定款で別段の定めをすることができる（会社法139条1項）。したがって，例えば，定款で取締役や代表取締役等を承認機関と定めることができる。

(2)　本条第2項関係につき，株式の譲渡を不承認にしたときは，会社は，株主総会の特別決議（指定買取人の指定については，取締役会設置会社にあっては，取締役会の決議）をもって対象となる譲渡制限株式を買い取るか，指定買取人を指定するかしなければならない（会社法140条，309条2項1号）。ただし，指定買取人の指定については，定款に定めることにより，あらかじめ指定すること（先買権者の指定）や株主総会（取締役会）以外の機関の決定に委ねることができる（同法140条5項）。本条第2項は，指定買取人の指定を代表取締役に委ねたものである。

（相続人等に対する売渡請求）

第8条　当会社は，相続，合併その他の一般承継により当会社の譲渡制限の付された株式を取得した者に対し，当該株式を当会社に売り渡すことを請求することができる。

　　会社法は，定款に定めることによって，相続その他一般承継により会社にとって好ましくない者が会社の株式（譲渡制限株式に限る。）を取得した場合に，株主総会の特別決議によって当該株式を会社に売り渡すことを請求できることとした（会社法174条〜177条，309条2項3号）。

（株主名簿記載事項の記載の請求）

第9条　当会社の株式の取得者が株主の氏名等株主名簿記載事項を株主名簿に記載又は記録することを請求するには，当会社所定の書式による請求書にその取得した株式の株主として株主名簿に記載若しくは記録された者又はその相続人その他の一般承継人と株式の取得者が署名又は記名押印し，共同して提出しなければならない。ただし，株式取得者が株券を提示して請求をしたとき等会社法施行規則22条2項各号に定める場合は，株式取得者が単独で請求することができる。

　　会社法においては，株券不発行が原則とされたことに伴い，株主名簿の記載が正確になされるよう，名義書換請求権及びその行使が原則として取得者と名簿上の株主又はその一般承継人との共同でなされるべきことが明文化された（会社法133条2項）。

　　ただし，①株券不発行会社においては，法務省令（会社法施行規則22条
　1項各号の11項目（例えば，株式取得者が所定の確定判決を得，その判決
　内容を証する書面等を提出したとき等）に定める場合は，利害関係人の利
　益を害するおそれがないものとして，株式取得者が単独請求できるし，ま
　た，②株券発行会社（本定款の場合）においては，法務省令（会社法施行
　規則22条2項各号の6項目（例えば，株式取得者が株券を提示して請求を
　したとき等）の場合にも，同様な理由から株式取得者が単独で名義書換請
　求ができる（会社法133条2項，会社法施行規則22条1項・2項）。

（質権の登録及び信託財産表示請求）

第10条　当会社の発行する株式につき質権の登録，変更若しくは抹消，又
　　は信託財産の表示若しくは抹消を請求するには，当会社所定の書式に
　　よる請求書に当事者が署名又は記名押印し，株券を添えてしなければ
　　ならない。

(1)　株式の質入れは，質権者の氏名等を株主名簿に記載（記録）しなけれ
　　ば会社その他第三者に対抗できず，さらに株券発行会社では，株券の占
　　有の継続も対抗要件とされている（会社法147条1項・2項）。
　　　なお，質権設定者は単独で株主名簿に記載の請求ができる（会社法
　　148条）。しかし，定款で質権設定者と質権者の連署で請求すべきものと
　　定めることはできるものと解され，定款の記載例はほとんどそのようで
　　ある。

(2)　信託財産の表示の請求については，平成18年改正信託法により，同改
　　正前信託法3条2項（信託財産表示の請求は，委託者又は受託者により
　　行うことできる旨の規定）が削除され，会社法154条の2が新設され
　　た。同条によれば，株券不発行会社では，信託財産に属する旨を株主名
　　簿に記載又は記録しなければ会社その他の第三者に対抗することができ
　　ず，株主は信託財産に属する旨の記載又は記録の請求をすることができ
　　るが（会社法154条の2第1項～3項），株券発行会社においては，同条
　　1項から3項までが適用されないと定められ（同条4項），第三者に対
　　して信託財産であることを主張できるか否かは，実体的に信託財産であ
　　ることが証明できるか否によるものと解されている。株券発行会社にお
　　いては，この意味では株主名簿の信託財産表示は対抗要件とはならない
　　が，その証明の点では意味があると思われる。平成18年改正前信託法の
　　下においても，本定款例のように信託財産表示請求につき当事者が請求
　　する旨や，委託者又は受託者が請求する旨定める定款が多かったが，会
　　社法154条の2の新設以降も，これらの定めは許容されると解される
　　（田村洋三監修『会社法定款事例集　定款の作成及び認証，定款変更の実

務詳解』（日本加除出版，第3版，2015）134頁参照）。
　(3)　株式発行会社の場合には，これらの登録・表示等の請求の際に株券を
　　添えて提出することを要する。

（株券の再発行）
第11条　当会社の発行する株券の分割・併合又は株券の毀損・汚損等の事
　由により株券の再交付を請求するには，当会社所定の書式による請求
　書に請求者が署名又は記名押印し，これに株券を添えて請求しなけれ
　ばならない。
　2　株券の喪失によりその再発行を請求するには，当会社所定の書式に
　　よる株券喪失登録申請書に請求者が署名又は記名押印し，これに必要
　　書類を添えて請求しなければならない。

　☞　株券不発行会社の場合には，株券が発行されていないので，本条は削除
　　する。

（手数料）
第12条　前三条の請求をする場合には，当会社所定の手数料を支払わなけ
　ればならない。

　☞　本条のように手数料徴収の規定を設けるのは，主に濫用的請求に対処す
　　るためであるが，近年では濫用的請求が少なくなったこともあって，この
　　定めを置かない定款例も少なくないようである。

（株式の割当てを受ける権利等の決定）
第13条　当会社は，当会社の株式（自己株式の処分による株式を含む。）
　及び新株予約権を引き受ける者の募集において，株主に株式又は新株
　予約権の割当てを受ける権利を与える場合には，その募集事項，株主
　に当該株式又は新株予約権の割当てを受ける権利を与える旨及びその
　申込みの期日の決定は，取締役会の決議によって行う。

　☞　非公開会社においては，募集株式，自己株式の処分又は新株予約権の募
　　集事項の決定は，株主総会の特別決議によって行うことを原則とするが
　　（会社法199条2項，238条2項，309条2項5号・6号），株主に対して株
　　式の割当てを受ける権利を与える場合に限っては，定款に定めることによ
　　り，その決定を取締役（取締役会設置会社を除く。）又は取締役会の決議
　　によることができる（同法202条3項，241条3項）ことから，これを定
　　款で定める利点がある。

（特定の株主との合意による自己株式の取得）

第14条　当会社は，株主総会の決議によって特定の株主との合意によりその有する株式の全部又は一部を取得することができる。

　2　前項の場合，当会社は会社法第160条第2項及び同条第3項の規定を適用しないものとする。

(1)　会社が特定の株主との合意により自己株式を有償で取得するためには，会社法156条1項による自己株式の取得枠の決定の際に，株主総会の特別決議によって，会社法158条1項の規定による通知（取得株式数等の通知）を当該特定の株主に対して行う旨を定めることになるが（会社法160条1項，309条2項2号），その際，会社は他の株主に対し，同株主をも加えたものを株主総会の議案とする請求（売主追加請求）ができる旨を通知することを要し（同法160条2項），これにより他の株主もこの売主追加請求ができることになる（同条3項）。

　しかし，定款で，当該他の株主の売主追加請求に関する会社法160条2項及び3項の規定を適用しない旨を定めることができる（会社法164条1項）。これにより，特定の株主からの自己株式の取得がスムーズに行われることになるという利点がある。

　ちなみに，株式発行後にこの定めを設ける定款の変更をするには，当該株式を有する株主全員の同意を得なければならない（会社法164条2項）。

(2)　相続その他の一般承継による取得者からの合意による取得の場合には，非公開会社においては，他の株主の売主追加請求権は認められない（会社法162条）。また，市場価格のある株式を市場価格以下で取得する場合及び子会社が保有する親会社株式を親会社が取得する場合は,売主追加請求権が排除されている（同法161条，163条）。

(3)　株主の合意による自己株式の取得には，会社に分配可能な剰余金がなければならない（財源規制。会社法461条1項2号）。

（基準日）

第15条　当会社は，毎事業年度末日の最終の株主名簿に記載又は記録された議決権を有する株主をもって，その事業年度に関する定時株主総会において権利を行使することができる株主とする。

　2　前項の規定にかかわらず，同項の株主の権利を害しない場合は，同項記載の日の後に，募集株式の発行，合併，株式交換又は吸収分割その他これに準ずる事由により当会社の議決権を有する株式を取得した者の全部又は一部を当該定時株主総会において議決権を行使する株主と定めることができる。

3　第1項のほか，必要があるときは，取締役会の決議により，あらか
じめ公告して一定の日の最終の株主名簿に記載又は記録されている株
主又は登録株式質権者をもって，その権利を行使することができる株
主又は登録株式質権者とする。

(1)　基準日制度は，一定の日において株主名簿に記載又は記録されている
株主又は登録株式質権者をもって，株主総会で議決権を行使したり，利
益配当を受けるなどの権利を行使できるものとするという制度である
（会社法124条。ただし，登録株式質権者は，株主総会で議決権を行使で
きない。）。

(2)　基準日を定めたときは，当該基準日の2週間前までに当該基準日及び
基準日株主が行使できる権利の内容を公告しなければならないが（会社
法124条3項本文），本条1項のように定款に当該基準日等の定めがある
ときは，公告を要しないという利点がある（同項ただし書）。

(3)　株主総会における議決権の行使については，会社は，基準日株主の権
利を害しない場合には，基準日以後に株式を取得した者の全部又は一部
を権利行使することができる者と定めることができる（会社法124条4
項）。これは，実務界の強い要請に基づいて認められたもので，本条2
項はこれに基づく規定である。

（株式取扱規則）
第16条　当会社の株式の譲渡承認手続，株主名簿及び新株予約権原簿への
記載又は記録その他株式に関する取扱い並びに手数料については，法
令又は本定款に定めるほか，取締役会において定める株式取扱規則に
よる。

取締役会設置会社では，株式の譲渡承認手続，株式の名義書換手続等の
細目や具体的な規定は，株主数が少なく株主の異動も少ない小規模会社を
除いては，定款で記載することなく，取締役会において定める株式取扱規
則によることの方がよい場合がある。なぜなら，定款に記載すると，その
変更には株主総会の特別決議（会社法466条，309条2項11号）を要する
ことになるからである。

第3章　株主総会

（招集時期）
第17条　当会社の定時株主総会は，毎事業年度の終了後3か月以内に招集
し，臨時株主総会は，必要がある場合に招集する。

👆(1)　定時株主総会は，毎事業年度の終了後一定の時期に招集することを要する（会社法296条１項）。定時総会の定め方としては，一般に，①「毎年○月に招集する。」という方式と②「毎事業年度の末日の翌日（あるいは毎事業年度の終了後）から３か月以内に招集する。」という方式（本定款）がある。

　　　後者の②の方式は，前記第15条第１項で基準日を「毎事業年度末日」と定めていること及び会社法124条２項で基準日の効力の及ぶ範囲が最長３か月と規定されていることとの関係による。

(2)　他方，法人税の確定申告期限は，原則として各事業年度終了の日の翌日から２か月以内である（法人税法74条１項）。しかし，法人税法75条の２第１項柱書きは，定款等の定めにより，又は会社に特別の事情があることにより，当該事業年度以後の各事業年度終了の日の翌日から２か月以内に当該各事業年度の決算についての定時総会が招集されない常況にあると認められる場合には，所轄税務署長は，その会社の申請に基づき，当該事業年度以後の各事業年度の法人税確定申告書の提出期限を１か月間（同項１号及び２号に掲げる場合に該当する場合には，当該各号に定める期間）延長することができる旨（延長が許可されると，延長後の毎事業年度の申告書の提出期限が３か月以内に延長される。）規定しているので，決算の遅れ等によっては，顧問税理士等と相談の上，本定款17条のように，定款の規定に定時株主総会の招集時期が「毎事業年度の終了後３か月以内」と記載されていることなどを根拠に，申告期限の延長申請をすることを考慮に入れる余地があると思われる。

（招集権者）

第18条　株主総会は，法令に別段の定めがある場合を除き，取締役会の決議により取締役社長が招集する。

　2　取締役社長に事故があるときは，あらかじめ取締役会の定めた順序により他の取締役がこれに当たる。

👆(1)　株主総会の招集は，原則として，非取締役会設置会社では取締役の過半数で決し（会社法298条１項），取締役会設置会社では取締役会の決議により（同条４項），取締役（代表取締役を定めているときは代表取締役（取締役社長）とすることが多い。）がこれを招集する（同法296条３項，349条）。

(2)　本条２項のように招集権者に事故があるときの代行について定款に記載することが多い。

（株主総会の招集地）

第19条　株主総会は，東京都○○区において，招集する。

> ☞　改正前会社法では，総会の招集場所に関する規定はなく，どこで開催してもよい。

（招集通知）

第20条　株主総会の招集通知は，当該株主総会の目的事項について議決権を行使することができる株主に対し，会日の7日前までに発する。ただし，書面投票又は電子投票を認める場合は，会日の2週間前までに発するものとする。

　2　前項の規定にかかわらず，株主総会は，その総会において議決権を行使することができる株主の全員の同意があるときは，書面投票・電子投票を認める場合を除き，招集の手続を経ることなく開催することができる。

> ☞(1)　総会の決議事項及び招集通知の関係は，以下の表のようになります。

	取締役会設置会社	非取締役会設置会社
株主総会の決議事項	会社法及び定款で定めた事項（会社法295条2項）	全ての事項（会社法295条1項）
総会の招集通知 （会社法299条）	2週間前までに発出（ただし，非公開会社は1週間前まで）	1週間前（定款で更に短縮可）までに発出
	書面又は電磁的方法による通知	口頭でも可能
	会議の目的事項の記載・記録が必要	会議の目的事項の記載・記録が不要

> ※　非公開会社では，取締役会設置会社及び非取締役会設置会社でも，書面投票・電子投票を認めるときは2週間前までに総会の招集通知を発する必要があり（会社法299条1項），また，この場合，招集通知は書面又は電磁的方法によることを要するし（同条2項・3項），招集通知には会議の目的事項を記載・記録することを要する（同条4項）。
>
> (2)　議決権を行使することができる全ての株主の同意があるときは，書面投票・電子投票を認める場合を除き，招集の手続を経ることなく開催することができる（会社法300条）。

（株主総会の議長）

第21条　株主総会の議長は，取締役社長がこれに当たる。

　2　取締役社長に事故があるときは，取締役会においてあらかじめ定めた順序により他の取締役が議長になる。
　3　取締役全員に事故があるときは，総会において出席株主のうちから議長を選出する。

　旧商法237条の４第１項のような「総会の議長は定款に定めがないときは，総会で選任する。」との規定は，会社法には存在しない。その理由は，定款に定める例が多いから，あえて規定しなかったものと思われる。

（株主総会の決議）
第22条　株主総会の決議は，法令又は定款に別段の定めがある場合を除き，出席した議決権を行使することができる株主の議決権の過半数をもって行う。
　2　会社法第309条第２項の定めによる決議は，定款に別段の定めがある場合を除き，議決権を行使することができる株主の議決権の３分の１以上を有する株主が出席し，その議決権の３分の２以上をもって行う。

　(1)　会社法第309条第１項「普通決議」
　　→株主総会の決議は，定款に別段の定めがある場合を除き，①議決権を行使することができる株主の議決権の過半数を有する株主が出席（定足数の軽減（排除）又は加重可。本定款では定足数を排除。）＋②出席した議決権を行使することができる株主の議決権の過半数（決議要件は加重可）で行う。
　(2)　会社法309条２項「特別決議」（例えば，役員の会社に対する責任の一部免除（425条）等）
　　→①議決権を行使することができる株主の議決権の過半数を有する株主（定款で３分の１以上と定めること可）が出席＋②その議決権の３分の２以上（定款でこれを上回る割合を定めること可）の多数でもって行う。

（議決権の代理行使）
第23条　株主は，代理人によって議決権を行使することができる。この場合には，総会ごとに代理権を証する書面を提出しなければならない。
　2　前項の代理人は，当会社の議決権を有する株主に限るものとし，かつ，２人以上の代理人を選任することはできない。

　(1)　株主は，代理人によってその議決権を行使することができ，この場合株主又は代理人は，総会ごとに代理権を証明する書面を株式会社に提出するか，株式会社の承諾を得て，書面に記載すべき事項を電磁的方法に

より提供することを要する（会社法310条1項〜3項）。また，会社は代理人の数を制限できる（同条5項）。

(2) 本条のような規定を置かないと，総会招集決定の際に，その都度，代理人による議決権の行使について，代理人の資格を含む代理権を証明する方法，代理人の数その他代理人による議決権行使に関する事項を定めなければならないことになる（会社法298条1項5号，同法施行規則63条5号）ことから，これらを定款で定める利点がある。

なお，議決権行使の代理人資格を株主に制限する旨の定款の規定は有効である（最判昭和43年11月1日民集22巻12号2402頁）。

（議事録）
第24条 株主総会の議事については，開催日時，場所，出席した役員並びに議事の経過の要領及びその結果，その他法務省令で定める事項を記載又は記録した議事録を作成し，議長及び出席した取締役がこれに署名押印若しくは記名押印又は電子署名をし，10年間本店に備え置く。

🖎 株主総会の議事については，会社法施行規則72条に基づいて議事録を作成することを要し（会社法318条1項），株主総会の日から10年間，当該議事録を会社本店に備え置くことを要する（同条2項）。

第4章 取締役及び取締役会

（取締役の員数）
第25条 当会社の取締役は，3名以上7名以内とする。

🖎 株式会社の取締役の必要員数は，非取締役会設置会社と取締役会設置会社とでは，以下のように異なる。

	取締役の必要員数
非取締役会設置会社	1人又は2人以上（会社法326条1項）
取締役会設置会社	3人以上（会社法331条5項）

（取締役の資格）
第26条 取締役は，当会社の株主の中から選任する。ただし，必要があるときは株主以外の者から選任することを妨げない。

🖎 非公開会社においては，定款で取締役を株主に限ることができる（公開会社では不可。会社法331条2項）。

（取締役の選任）
第27条 取締役は，株主総会において，議決権を行使することができる株

主の議決権の３分の１以上を有する株主が出席し，その議決権の過半
数の決議によって選任する。
　2　取締役の選任については，累積投票によらないものとする。

(1)　会社法341条（役員の選任・解任の総会の普通決議）
→①議決権を行使することができる株主の議決権の過半数の株主（定款
で３分の１以上と定めること可）が出席＋②その議決権の過半数（定
款でこれを上回る割合を定めること可）の決議をもって行う。
(2)　２人以上の取締役を選任する場合，定款に別段の定めがあるときを除
き，株主から株主総会の日の５日前までに請求があった場合，累積投票
によることを要する（会社法342条）ことから，累積投票制度を排除す
るには定款に記載することを要する。

（取締役の任期）
第28条　取締役の任期は，選任後２年以内に終了する事業年度のうち最終
のものに関する定時株主総会の終結時までとする。
　2　任期満了前に退任した取締役の補欠として，又は増員により選任さ
れた取締役の任期は，他の在任取締役の任期の残存期間と同一とする。

(1)　非公開会社では，取締役の任期は原則２年（ただし，定款又は株主総
会の決議で任期の短縮可）である（会社法332条１項）。
(2)　ただし，非公開会社（監査等委員会設置会社及び指名委員会等設置会
社を除く。）では，定款により，取締役の任期を選任後10年以内に終了
する事業年度のうち最終のものに関する定時株主総会の終結時まで伸長
できる（会社法332条２項）。
(3)　補欠又は増員によって通常の改選時期と異なる時期に選任された取締
役は，他の取締役と改選時期がずれることから，他の取締役会の任期の
満了と符合させるため，本条２項のような調整規定を定款で設けるのが
通常である。

（補欠取締役）
第29条　会社法第329条第３項の規定による補欠の取締役の選任に係る決
議が効力を有する期間は，当該決議後２回目に開催する定時株主総会
の開始の時までとする。ただし，株主総会の決議によってその期間を
短縮することを妨げない。

補欠の取締役の選任に係る決議が効力を有する期間は，定款で別段の定
めがある場合を除き，当該決議後最初に開催する定時株主総会の開始の時
までである（会社法施行規則96条３項）ことから，当該期間の伸長を定款
で定める利点がある。

(代表取締役及び役付取締役)
第30条　代表取締役は取締役会の決議で定める。
　2　代表取締役は，会社を代表し，会社の業務を執行する。
　3　取締役会は，その決議により，代表取締役の中から取締役社長1名を選定し，取締役の中から取締役副社長，専務取締役及び常務取締役を選定することができる。

> 🖎　取締役会設置会社では，代表取締役は取締役の中から取締役会の決議によって選定されなければならない（会社法362条3項）。

(取締役会の設置)
第31条　当会社は取締役会を置く。

> 🖎(1)　株式会社は，定款の定めによって，取締役会，会計参与，監査役，監査役会，会計監査人，監査等委員会又は指名委員会等を置くことができる（会社法326条2項）。
> (2)　公開会社，監査役会設置会社，監査等委員会設置会社及び指名委員会等設置会社の場合には，取締役会の設置義務がある（会社法327条1項）。

(取締役会の招集権者及び議長)
第32条　取締役会は，法令に別段の定めがある場合を除き，取締役社長が招集し，議長となる。
　2　取締役社長に欠員又は事故があるときは，取締役会があらかじめ定めた順序により他の取締役が取締役会を招集し，議長になる。

> 🖎　取締役会は，各取締役が招集するのが原則であるが，取締役会を招集する取締役を定款で又は取締役会で定めたときは，その取締役が招集する（会社法366条1項）。

(取締役会の招集通知)
第33条　取締役会の招集通知は，会日の5日前までに各取締役及び監査役に対して発する。ただし，緊急の必要があるときは，この期間を短縮することができる。
　2　取締役及び監査役の全員の同意があるときは，招集の手続を経ないで取締役会を開くことができる。

> 🖎(1)　取締役会を招集するには，会日より1週間前（定款で短縮したときは，その期間）に各取締役（監査役設置会社においては，各取締役及び各監査役）に対し，招集通知を発することを要する（会社法368条1項）。ただし，これらの全員の同意があるときは，招集手続は不要であ

る（同条２項）。

　　なお，非公開会社（監査役会設置会社及び会計監査人設置会社を除く。）の場合には，監査役の権限を定款で会計監査権限に限定することができるが（会社法389条１項），この場合は，監査役設置会社とはならない（同法２条９号）ことから，①取締役会の招集通知を当該監査役に発することを要しないし，また，②取締役会の招集手続を省略するのに監査役の同意も要しないことになる。

(2)　下記第５章で会計参与を設置する場合は，計算書類承認のための取締役会においては，その通知の相手方及び招集手続省略のための同意者に会計参与を加える必要がある（会社法376条２項・３項）。

（取締役会の決議方法）

第34条　取締役会の決議は，議決に加わることのできる取締役の過半数が出席して，その出席取締役の過半数をもってこれを決する。

　２　決議について特別の利害関係ある取締役は，審議に加わること及び議決権を行使することができない。

(1)　取締役会の決議は，議決に加わることのできる取締役の過半数（これを上回る割合を定款で定めること可）が出席＋その出席取締役の過半数（これを上回る割合を定款で定めること可）をもって決する（会社法369条１項）。

(2)　特別の利害関係を有する取締役は，取締役会で議決権を行使することはできない（会社法369条２項）。

（取締役会の決議の省略）

第35条　当会社は，取締役が提案した決議事項について取締役（当該事項につき議決に加わることができるものに限る。）の全員が書面又は電磁的記録により同意したときは，当該事項を可決する旨の取締役会の決議があったものとみなす。ただし，監査役が異議を述べたときはこの限りでない。

　　本条は，いわゆる取締役会の書面決議制度を認めた規定であり，取締役会の機動性に資するものである。本条の文言は，会社法370条の文言とほぼ同内容である。

　　なお，本条ただし書については，監査役設置会社における監査役が異議を述べた場合の規定であり（会社法370条参照），非公開会社（監査役会設置会社及び会計監査人設置会社を除く。）において監査役の権限を会計監査権限に限定した場合には，監査役設置会社とはならない（同法２条９号，389条１項）ことから，本条ただし書は削除すべきことになる。

　ちなみに，株主総会においても，書面決議制度が認められているが（前掲「参考2：取締役複数の非取締役会設置会社の定款記載例」の第20条参照），取締役会の書面決議制度は，株主総会の場合（会社法319条参照）と異なり，定款で定めないと利用できない（相対的記載事項）。

（議事録）

第36条　取締役会の議事については，開催日時，場所，出席した役員，出席した特別利害関係を有する取締役並びに議事の経過の要領及びその結果，その他法務省令で定める事項を，前条により取締役会の決議を省略するときは，決議があったものとみなされる事項その他法務省令に定める事項を，それぞれ議事録に記載又は記録し，出席した取締役及び監査役が記名押印又は電子署名を行い，10年間本店に備え置く。

　🖐 取締役会の議事については，会社法施行規則101条に基づいて議事録を作成することを要し，出席した取締役及び監査役が記名押印又は電子署名を行い（会社法369条3項・4項），取締役会の日から10年間，当該議事録を会社本店に備え置くことを要する（同法371条1項）。

（取締役会規則）

第37条　取締役会に関する事項については，法令及び定款に定めのあるもののほか，取締役会の定める取締役会規則による。

　🖐 取締役会に関する具体的な事項は，一般に定款に定めることなく，取締役会規則で定めることになると思われる。本条は，これを明示するための規定である。

（取締役の責任の一部免除）

第38条　当会社は，会社法第426条第1項の規定により，取締役会の決議をもって，同法第423条第1項の取締役（取締役であった者を含む。）の責任を法令の限度内において免除することができる。

　🖐(1)　本条の射程範囲

　　本条は，監査役設置会社の場合の定めであり，会計参与のみを置く場合には本条の定めを置くことはできないので，注意を要する。

　　なお，後記(3)の③記載のとおり，監査役の監査の範囲を会計に関するもの（会計監査）に限定する旨の定款の定めがある場合には，監査役設置会社とはならない。

　(2)　役員等の任務懈怠責任

　　取締役，会計参与，監査役，執行役又は会計監査人（以下「役員等」という。）は，その任務を怠ったときは，株式会社に対し，これによっ

て生じた損害を賠償する責任を負う（会社法423条１項）。
(3)　役員等の損害賠償責任の減免制度
①　総株主の同意による責任の全部免除（会社法424条）。
②　役員等がその職務を行うにつき，善意かつ無重過失の場合，株主総会の特別決議により，「賠償の責任を負う額」から「最低責任限度額」（当該役員等が職務執行の対価として受け又は受けるべき報酬等の財産上の利益の１年分に相当する額として法務省令で定める方法により算定される額に次の年数分を乗じた額，及び当該役員等が当該株式会社の新株予約権を引き受けた場合における有利発行にかかる新株予約権に関する財産上の利益に相当する額との合計額）を控除して得た額を限度として，免除することができる（会社法425条１項，会社法施行規則113条，114条参照）。
イ　代表取締役又は代表執行役　６年分
ロ　上記以外の取締役（業務執行取締役等（会社法２条15号参照）である者に限る。）又は執行役　４年分
ハ　上記イロ以外の取締役，会計参与，監査役又は会計監査人　２年分
③　監査役設置会社（取締役が２名以上ある場合に限る。），監査等委員会設置会社又は指名委員会等設置会社は，定款の定めにより，取締役（当該責任を負う取締役を除く。）の過半数の同意（取締役会設置会社にあっては，取締役会の決議）をもって役員等の任務懈怠責任を，会社法425条１項の定める額を限度として免除することができる（会社法426条１項）。本条は，これに基づく規定である（当該定款の定めは登記事項である（会社法911条３項24号）。）。
　　なお，取締役会設置会社（非公開会社）であっても，監査役の監査の範囲を会計に関するもの（会計監査）に限定する旨の定款の定めがある場合には，監査役設置会社とはならず（会社法389条１項，２条９号参照），当該免除規定を定款に定めることはできないので，注意を要する。
(4)　非業務執行取締役等の定款の規定に基づく責任限定契約
　　非業務執行取締役，会計参与，監査役又は会計監査人の会社法423条１項の責任については，その職務を行うにつき善意かつ無重過失の場合，①「定款で定めた額の範囲内であらかじめ会社が定めた額」（例えば，500万円）と，②「２年分の報酬等（最低責任限度額）」とのいずれか高い額を限度とする旨の契約を締結することができる旨を定款で定めることができる（会社法427条１項）。なお，当該定款の定めは登記事項である（会社法911条３項25号）。

（取締役の報酬及び退職慰労金）
第39条　取締役の報酬及び退職慰労金は，株主総会の決議によって定める。

> ❧　取締役の報酬，賞与その他の職務執行の対価として株式会社から受ける
> 財産上の利益についての額等は，定款で定めていないときは，株主総会の
> 決議によって定める（会社法361条1項）。

第5章　監査役

（監査役の設置，員数，選任）
第40条　当会社に監査役1名を置く。
　2　監査役は，株主総会の決議によって選任する。
　3　監査役の選任決議は，議決権を行使することができる株主の議決権
　の3分の1以上を有する株主が出席し，その議決権の過半数をもって
　行う。

> ❧(1)　株式会社は，定款の定めによって，取締役会，会計参与，監査役，監
> 査役会，会計監査人，監査等委員会又は指名委員会等を置くことができ
> る（会社法326条2項）。監査役の員数に制限はない。
> 　(2)　監査役は，株主総会の決議によって選任される（会社法329条1項）。
> 　(3)　監査役の選任決議は，株主総会の普通決議による（会社法341条）。な
> お，当該普通決議の要件については，前記第27条の❧(1)参照。
> 　(4)　非公開会社（監査役会設置会社及び会計監査人設置会社を除く。）に
> おいては，定款で監査役の監査の範囲を会計に関するものに限定するこ
> とができ（会社法389条1項），その定款の定めは登記事項となる（会社
> 法911条3項17号イ）。なお，その定款記載例は，前掲「参考2：取締
> 役複数の非取締役会設置会社の定款記載例」の第30条を参照。

（監査役の任期）
第41条　監査役の任期は，選任後4年以内に終了する事業年度のうち最終
　のものに関する定時株主総会の終結の時までとする。
　2　補欠により選任された監査役の任期は，退任した監査役の任期の満
　了する時までとする。

> ❧(1)　非公開会社では，監査役の任期は原則4年（定款等でその任期の短縮
> 不可）である（会社法336条1項）。
> 　(2)　非公開会社では，定款により，監査役の任期を選任後10年以内に終了
> する事業年度のうち最終のものに関する定時株主総会の終結時まで伸長
> できる（会社法336条2項）。
> 　(3)　監査役を1名しか置かない場合でも，本条第2項のように補欠監査役

の任期の短縮規定を設けることができると解されている（会社法329条
3項，336条3項参照）。

（監査役の責任の一部免除）

第42条　当会社は，会社法第426条第1項の規定により，取締役会の決議
をもって，同法第423条第1項の監査役（監査役であった者を含む。）
の責任を法令の限度内において免除することができる。

　🖎　前記第38条（取締役の責任の一部免除）参照。

（監査役の報酬及び退職慰労金）

第43条　監査役の報酬及び退職慰労金は，株主総会の決議によって定める。

　🖎　監査役の報酬等は，定款にその額の定めがないときは，株主総会の決議
によって定める（会社法387条1項）。

※※※　会計参与設置の場合の第5章　※※※

第5章　会計参与

（会計参与の設置，員数，選任）

第40条　当会社に，会計参与1名を置く。

　2　会計参与は，株主総会の決議によって選任する。

　3　会計参与の選任決議は，議決権を行使することができる株主の議決
権の3分の1以上を有する株主が出席し，その議決権の過半数をもっ
て行う。

　🖎(1)　株式会社は，定款の定めによって，取締役会，会計参与，監査役，監
査役会，会計監査人，監査等委員会又は指名委員会等を置くことができ
る（会社法326条2項）。なお，会計参与の員数に制限はない。

　(2)　会計参与は，株主総会の決議によって選任される（会社法329条1項）。

　(3)　会計参与の選任決議は，株主総会の普通決議による（会社法341条）。
なお，当該普通決議の要件については，前記第27条の🖎(1)参照。

（会計参与の任期）

第41条　会計参与の任期は，選任後5年以内に終了する事業年度のうち最
終のものに関する定時株主総会終結の時までとする。

　2　補欠により選任された会計参与の任期は，退任した会計参与の任期
満了時とする。

🖎(1)　非公開会社では，会計参与の任期は原則2年（定款又は株主総会の決議で任期の短縮可）である（会社法334条1項，332条1項）。

(2)　非公開会社（監査等委員会設置会社及び指名委員会等設置会社を除く。）では，定款により，会計参与の任期を選任後10年以内に終了する事業年度のうち最終のものに関する定時株主総会の終結時まで伸長できる（会社法334条1項，332条2項）。

(3)　会計参与を1名しか置かない場合でも，本条第2項のように補欠監査役の任期の短縮規定を設けることができると解されている（会社法329条3項参照）。

（会計参与の報酬等）

第42条　会計参与の報酬及び退職慰労金は，株主総会の決議によって定める。

🖎　会計参与の報酬等は，定款にその額の定めがないときは，株主総会の決議によって定める（会社法379条1項）。

※※※※※※※※※※※※※※※

第6章　計　算

（事業年度）

第43条　当会社の事業年度は，毎年4月1日から翌年3月31日までの年1期とする。

🖎　事業年度は，1年を超えることはできないが，1年を2事業年度以上に分けてもよい。しかし，大半の会社は1年を事業年度としている。

（剰余金の配当）

第44条　剰余金の配当は，毎事業年度末日現在の株主名簿に記載又は記録された株主又は登録株式質権者に対して行う。

🖎　株式会社は，株主に対し，剰余金の配当ができる（会社法453条）。通常の配当については，回数の制限を設けずに，株主総会の決議によって年に何回でもできる（会社法453条，454条1項）。ただし，中間配当については，次条の🖎記載のとおり，取締役会設置会社おいて年1回のみである（会社法454条5項）。

また，株式会社の純資産額が300万円を下回る場合及び配当が分配可能額を超える場合には，剰余金の配当をすることができない（会社法458条，461条）。

なお，会計監査人設置会社である監査役会設置会社であって取締役の任期が1年である会社など，一定の要件の下で取締役会の決議で剰余金の配

当ができる旨を定款で定めることができる（会社法459条）。

（中間配当）
第45条　当会社は，取締役会の決議により，毎年9月末日現在の最終の株
　　主名簿に記載又は記録された株主又は登録株式質権者に対して中間配
　　当を行うことができる。

　☞　取締役会設置会社では，定款で定めれば，取締役会の決議によって中間
　　配当を年1回のみできる（会社法454条5項。非取締役会設置会社では中
　　間配当は不可。）。

（配当の除斥期間）
第46条　剰余金の配当及び中間配当が，その支払の提供の日から3年を経
　　過しても受領されないときは，当会社は，その支払義務を免れるもの
　　とする。

　☞　株主の利益配当請求権の除斥期間を定めたものである。除斥期間は通常
　　3年と定める会社が多いようである。

第7章　附　則

（設立に際して出資される財産の価額又はその最低額及び資本金）
第47条　当会社の設立に際して出資される財産の最低額は金300万円とし，
　　出資された財産の全額を成立後の資本金の額とする。

　☞(1)　設立時発行済株式の総数及び資本金の額は登記事項であるが，任意的
　　記載事項であるため，定款の定めを要しないが，発起設立における非取
　　締役会設置会社のような小規模会社の場合には，原始定款の作成段階で
　　これらの総数や資本金の額が確定していれば，これらの事項を記載して
　　いることが多いようである（前掲「参考1：取締役1名設置の株式会社
　　の定款記載例」及び「参考2：取締役複数の非取締役会設置会社の定款
　　記載例」参照）。
　　　しかし，これらの事項を定款に記載すると，その後会社成立までに株
　　式引受けの履行がされないような場合に，定款を変更し，再度公証人の
　　認証を受ける必要が生じ，手続が煩雑になる。
　　　そこで，一般に，募集設立等の場合には，定款にこれらの事項を記載
　　せず，設立に際して出資される財産の価額も，本条のように最低額を記
　　載する例が多いようである。
　(2)　募集設立の場合は，特に発起人以外の株式引受人が引受けの履行をし
　　ないことも考えられるので，本附則のような定款記載例になると思われ
　　る。

（最初の事業年度）

第48条　当会社の最初の事業年度は，当会社成立の日から令和○年3月31
　　日までとする。

　☞　事業年度は，前記43条の☞記載のとおり1年を超えることができない
　　が，最初の事業年度は，特に注意を要する。例えば，令和2年3月10日
　　に，最初の事業年度を「当会社成立の日から令和3年3月31日までとす
　　る」という定款の認証を受けた場合，令和2年3月31日までに設立登記手
　　続をすると，最初の事業年度が1年を超えることになるので，その登記申
　　請手続は，4月1日以降にする必要がある。

（設立時役員）

第49条　当会社の設立時役員は，次のとおりである。
　　　　　設立時取締役　　　　甲野一郎，乙野次郎，丙野三郎
　　　　　設立時監査役　　　　丁野四郎
　　　　　設立時代表取締役　　甲野一郎

　☞　発起設立及び募集設立のいずれの場合でも，設立時取締役，設立時監査
　　役のほか，設立時代表取締役も，定款で定めることができる（会社法38条
　　4項参照）。

（発起人の氏名，住所及び引受株）

第50条　発起人の氏名，住所及び引受株式数は，次のとおりである。
　　　　　東京都○○区□□○丁目○番○号　100株
　　　　　　　　　　　　　　　　　　　　　発起人　甲野一郎
　　　　　東京都○○区□□○丁目○番○号　100株
　　　　　　　　　　　　　　　　　　　　　発起人　乙野次郎
　　　　　東京都○○区□□○丁目○番○号　50株
　　　　　　　　　　　　　　　　　　　　　発起人　丙野三郎
　　　　　東京都○○区□□○丁目○番○号　50株
　　　　　　　　　　　　　　　　　　　　　発起人　株式会社神田XYZ

　☞(1)①　発起人の氏名及び住所は定款の絶対的記載事項である（会社法27条
　　　　5号）。なお，定款の各発起人の住所と氏名は，印鑑証明書記載のと
　　　　おり記載することを要する。
　　　②　「発起人が割当てを受ける設立時発行株式の数（引受株式数）並び
　　　　にその株式と引換えに払い込む金銭の額（払込金額）」に関する事項
　　　　は，定款に定めがないときは，設立登記申請の時までに発起人全員の
　　　　同意を得て定めることを要する（会社法32条1項1号・2号。なお，
　　　　この発起人の同意書の記載例については，Q28参照）。

③ 発起人の引受株式数とその払込金額が変わる可能性がある場合には，株式の失権効が認められている（Q19参照）こととの関係上，①定款作成時における各発起人の引受済みの株式数を記載するか（さらにその払込金額の記載も可），あるいは，②発起人の氏名及び住所のみを記載して，確定した発起人の引受株式数とその払込金額は設立登記申請までに発起人全員の同意を得て定めることになると解される。この場合，設立に際して出資される財産の価額も，「その最低額」を記載することになると解される。

(2) 株式会社もその目的が新会社の目的と同種であれば，発起人となることができる。

(3) 現物出資がある場合の記載例については，前掲「参考2：取締役複数の非取締役会設置会社の定款記載例」の第40条の❷2参照。

(法令の準拠)

第52条 この定款に規定のない事項は，全て会社法その他の法令に従う。

　以上，東京ＡＢＣ株式会社設立のためこの定款を作成し，発起人が次に記名押印する。

　　　令和〇年〇月〇日

発起人	甲野一郎	（実印）
発起人	乙野次郎	（実印）
発起人	丙野三郎	（実印）
発起人	株式会社神田XYZ	
	代表取締役　春野六郎	（代表印）

25 公証人の認証を要する定款，定款認証を受ける公証人

(1) 株式会社の定款は，どのような場合に公証人の認証を要しますか。

(2) 株式会社の定款認証は，どこの公証人に受ければよいのですか。

A (1) 公証人の認証を要する株式会社の定款は，設立に際して発起人が最初に作成する定款（原始定款）です。

なお，会社成立後（設立登記後）において定款変更する場合には，公証人の認証は不要ですが，会社成立前（設立登記前）であれば，原則として再度公証人の認証を必要とします（この点はQ27参照）。

(2) 定款認証に関する事務は，「会社の本店の所在地を管轄する法務局又は地方法務局の所属公証人」が扱うこととされています。

したがって，例えば，東京都内に本店の所在地を置こうとしている株式会社の発起人は，東京法務局所属（東京都内の公証役場）の公証人にその定款の認証を受ける必要があります。

実際には，会社の本店と同一の都道府県にある最寄りの公証役場の公証人から認証を受けるのが最も便利であるといえます。

最寄りの公証役場（公証役場一覧）については，日本公証人連合会のホームページで検索することができます。

【公証人の認証を要する株式会社の定款】

設立に際して発起人が最初に作成する定款（原始定款）

【定款認証を受ける公証人】

・会社の本店と同一の都道府県にある最寄りの公証役場の公証人が最も便利。
・最寄りの公証役場（公証役場一覧）は，日本公証人連合会のホームページ（https://www.koshonin.gr.jp）で検索可能。

解　説

1　公証人の認証を要する株式会社の定款

　公証人の認証を要する株式会社の定款は，設立に際して発起人が最初に作成する定款です（会社法30条１項）。この定款を一般に「原始定款」と呼んでいます（なお，「原始定款」は，会社設立（設立登記）時の定款の意味にも用いる。）。

　なお，会社成立後（設立登記後）において定款変更する場合には，公証人の認証は不要ですが，会社成立前（設立登記前）であれば，原則として再度公証人の認証を必要とします（定款変更と公証人の認証については，**Q27**参照）。

2　定款認証を受ける公証人

　定款認証に関する事務は，「会社の本店の所在地を管轄する法務局又は地方法務局の所属公証人」が扱うこととされています（公証人法62条の２）。

　したがって，例えば，東京都内に本店の所在地を置こうとしている株式会社の発起人は，東京法務局所属（東京都内の公証役場）の公証人にその定款の認証を受ける必要があります。東京都以外の神奈川県や埼玉県内等の公証役場の公証人に定款の認証を受けることはできませんので，注意を要します。

　実際には，会社の本店と同一の都道府県にある最寄りの公証役場の公証人から認証を受けるのが最も便利であるといえます。また，最寄りの公証役場（公証役場一覧）については，日本公証人連合会のホームページ（https://www.koshonin.gr.jp）で検索することができます。

　なお，仮に，管轄区域外の公証人に認証を受けたとしても，その定款は無効です。したがって，この定款を添付して登記所に設立登記申請があった場合には，改めて管轄区域内の公証人の認証を受けた定款を添えて登記申請をする必要があるとされています。

電子定款の認証

　公証役場では電子定款の認証も行っています。通常の紙の定款認証との大きな違いは，紙の定款認証に必要な印紙税（4万円）が不要であることです。

1　電子定款の認証と紙の定款認証の違い（4万円の印紙税が不要）

　公証役場では，平成14年4月1日から電子公証制度の一環として，電子定款の認証を行っております。

　電子定款の認証は，法務省の提供する登記・供託オンライン申請システムを経由して認証の申請を行います。電子公証事務は，法務大臣が指定した公証人（指定公証人）のみが行うものとされている（公証人法7条の2第1項）ので，原則として，管轄公証役場を訪問し，指定公証人に対して認証の嘱託をすることになります。

　株式会社の定款の認証の嘱託をする場合に電子定款の認証を利用する利点は，紙の定款認証に必要な印紙税（4万円）が不要であるということです（ただし，株式会社以外の法人の設立の場合には，電子定款の場合はもとより，紙定款の場合でも4万円の印紙税は掛からない。）。

　しかし，電子定款の場合には，初期投資として，電子公証のためのパソコン，電子証明書の取得，関連ソフトの導入，インターネットへの接続等の費用で相当額が掛かり，1件だけ作成する場合には費用的なメリットはないと思われます。

　したがって，既にこれらのものを持っている方や今後も複数の株式会社の設立を考えている方には，電子定款をお勧めできますが，そうでない1件限りの嘱託の場合は，自ら紙定款の認証の嘱託をするか，電子定款の作成代理業を営む司法書士や行政書士等の専門家に依頼すべきものと思われます。

　なお，平成31年3月29日より，電子定款をオンラインで認証申請する場合には，テレビ電話等の方式による認証が可能となっています。なお，「成長戦略フォローアップ」（令和2年7月17日閣議決定）において，令和3年2月目途で，オンラインによる定款認証及び設立登記の同時申請を対象とした24時間以内処理の取組みを進めるとされ，現在この対応のため，システム改修等の準備を行っています（また，令和2年5月11日からは，あら

かじめ，添付書類（委任状及び印鑑証明書）を公証人に郵送している場合にも，テレビ電話等の方式による電子認証が可能となっている。）。

2　電子定款の記録方法

　電子定款の記録方法は紙の定款の記載方法と同様ですが，定款末尾の記録方法が異なりますので，その記録例を参考までに挙げておきます。

定款末尾の記録方法

　・・・

（法令の準拠）

　第〇〇条　この定款に規定のない事項は，全て会社法その他の法令に従う。

　以上の東京ABC株式会社設立をするため，発起人甲野一郎及び同乙野次郎の定款作成代理人である行政書士丁野五郎が電磁的記録である本定款を作成し，これに電子署名する。

　令和〇年〇月〇日

　　　　　　　　発　起　人　　　甲　野　一　郎
　　　　　　　　発　起　人　　　乙　野　次　郎

　　　上記発起人2名の代理人
　　　　　　　　　　　行政書士　丁野五郎（電子署名）

---

26 定款認証に必要な書類や費用

定款認証に必要な書類や費用を教えてください。

A
① 定款３通
② 各発起人の印鑑証明書（発行後３か月以内のもの）
③ ４万円の収入印紙
④ 会社が発起人の場合には，「会社の登記簿謄本（登記事項証明書）」及び「代表者の印鑑証明書」（なお，会社の登記簿謄本は，発起人となることがその会社の目的の範囲内であることを要するので，公証人がその確認をするためのもの。）
⑤ 法人の実質的支配者となるべき者の申告書
⑥ 代理人による定款認証の嘱託の場合には，「委任状」と「代理人の印鑑証明書又は自動車運転免許証等」（なお，定款の作成自体を代理人よっててする場合の必要書類については，解説の９参照）
⑦ 定款認証の手数料として現金５万円
⑧ 定款の謄本交付手数料として現金2,000円程度（用紙１枚につき250円）

解　説

定款認証を嘱託する場合には，以下の書類や費用が必要です。

1 定　款

通常，定款３通を公証人に提出して認証を受ける必要があります。すなわち，①公証人役場保存用原本，②会社保存用原本及び③設立登記申請用謄本として３通が必要となります（ただし，設立登記申請に際して，会社保存用の原本をもって申請手続をし，原本還付を受けることもできる。）。

嘱託人は，全員が同時に公証役場に出頭して認証を受けることを要し，各自が時を異にして別々に認証を受けることは許されない取扱いとなっていますので，注意を要します。

　なお，定款３通には，通常，発起人全員が，署名又は記名押印した上，袋とじの場合を除き，各葉ごとに契印しなければなりません（Q23参照）。

2　発起人の印鑑証明書

　発起人が人違いでないことの証明をすることが必要となりますが，公証人は，実務上，一般に発起人全員に印鑑証明書の提出を求めています。

　なお，印鑑証明書は，発行後３か月以内のものに限られますので，注意を要します。

3　収入印紙（4万円）

　４万円の収入印紙を公証人保存用原本に貼付して消印することを要します（印紙税法別表第一，六）。消印は，発起人全員でする必要はなく，また，代理人でもできますし，公証人の職印によることも可能です。

　なお，時々，公証人に定款に不備があることを指摘され，それならば定款を新たに作成し直すという発起人の方もいるので，収入印紙は消印をしないでお持ちいただいた方がよいと思います。消印をしてしまうと，その印紙税に係る過誤納金の還付を受けるには，その過誤納の事実につき納税地の所轄税務署長の確認を得る必要があります（印紙税法14条）。

4　会社が発起人の場合には「会社の登記簿謄本（登記事項証明書）」と「代表者の印鑑証明書」

　会社が発起人の場合には，発起人となることがその会社の目的の範囲内であることを要し（目的の一部に同種の事業が掲げられていればよいと解されている。），公証人においてその確認をする必要があることから，実務上，一般に代表者の印鑑証明書のほかに会社の登記簿謄本（登記事項証明書）の提出が必要となります。

　なお，当該印鑑証明書及び登記簿謄本は，いずれも発行後３か月以内のものに限られます。

5　法人の実質的支配者となるべき者の申告書――――――――――●

　平成30年改正公証人法施行規則（平成31年11月30日施行）13条の４により，株式会社，一般社団法人，一般財団法人の定款認証の嘱託人は，法人成立の時に実質的支配者となるべき者について，その氏名，住居及び生年月日等と，その者が暴力団員及び国際テロリスト（以下「暴力団員等」という。）に該当するか否かを公証人に申告する必要があります（株式会社の場合の申告書例は，後記「実質的支配者となるべき者の申告書（株式会社用）」参照）。これは，法人の実質的支配者を把握することなどにより，法人の透明性を高め，暴力団員等による法人の不正使用（マネーロンダリング，テロ資金供与等）を抑止することが国内外から求められていることを踏まえての措置です。

　ここで，実質的支配者とは，法人の事業経営を実質的に支配することが可能となる関係にある個人をいい，具体的には，「犯罪による収益の移転防止に関する法律施行規則11条２項」で定義されており，例えば，株式会社の場合は，おおむね①株式の50％を超える株式を保有する個人，そのような者がいない場合には，②25％を超える株式を保有する個人，そのような者もいない場合には，③事業活動に支配的な影響力を有する個人，そのような者もいない場合には，④代表取締役が該当することとなります。

　なお，申告された実質的支配者となるべき者が暴力団員等に該当し，又は該当するおそれがあると認められる場合には，嘱託人又は実質的支配者となるべき者は，申告内容等に関し公証人に必要な説明をする必要があります。そして，当該説明があっても，暴力団員等に該当する者が実質的支配者であり，その法人の設立行為に違法性があると認められる場合には，公証人は定款認証をすることができません。

6　代理人による定款認証の嘱託の場合には「委任状」と「代理人の印鑑証明書等」――――――――――●

　定款認証の嘱託は，代理人によってもすることができます。この場合，発起人の１人が他の発起人の一部又は全部を代理して嘱託することもできますし，また，発起人以外の者が発起人の全員を代理して嘱託することもできます。

　代理人による嘱託の場合は，①発起人が記名押印（署名）した委任状と
その印鑑証明書（上記２又は４と重複するときは不要），及び②公証人が出頭し
た代理人の氏名を知りかつこれと面識がある場合を除き，人違いでないこ
とを証明するため，代理人自身の印鑑証明書又は運転免許証等の確認資料
の提出・提示が必要となります（なお，定款認証嘱託の委任状のひな形は下記参
照）。

　なお，定款の作成自体を代理人よってする場合の必要書類については，
後記９を参照してください。

【定款認証嘱託の委任状のひな形】

委　任　状

　　（代理人の住所）　東京都○○区□□○丁目○番○号
　　（代理人の氏名）　丁野五郎

　　上記の者を代理人と定め，下記の権限を委任する。
記
　１　東京ＡＢＣ株式会社の定款につき，各発起人の記名押印（又は署名押
　　印）をそれぞれ自認し，公証人の認証を受ける嘱託手続に関する一切の
　　件
　２　定款謄本の交付請求及び受領に関する一切の件
　３　実質的支配者となるべき者の申告書の作成・提出及び申告受理証明書
　　の請求及び受理に関する件
　４　復代理人選任に関する一切の件

　　　令和○年○月○日
　　　　　　　　東京ＡＢＣ株式会社
　　　　　　　　　住所（甲野一郎の印鑑証明書の住所を記載）
　　　　　　　　　　発起人　　甲野一郎　　（実印）
　　　　　　　　　住所（乙野二郎の印鑑証明書の住所を記載）
　　　　　　　　　　発起人　　乙野二郎　　（実印）

---

7 定款認証の手数料

定款認証の手数料は5万円です。これは現金で用意し，直接公証役場に支払ってください。

8 定款の謄本交付手数料

定款の謄本交付手数料として現金2,000円程度（用紙1枚につき250円）がかかります。定款の枚数によって謄本交付手数料が異なります。

9 定款の作成自体を代理人によってする場合には「委任状」と「代理人の印鑑証明書等」

通常，定款は発起人自らが作成しますが，定款の作成自体を代理人によってすることもできます。この場合には，定款に記名押印（又は署名）するのは，代理人であり，公証人に対する認証の嘱託は，当該代理人自身が行っても，当該代理人が他の第三者を認証嘱託の代理人として選任して行ってもよいとされています。

しかし，代理人は認証嘱託に際し，自分が定款作成の権限を有することを証するために，発起人全員からの定款作成を委任する旨の委任状（発起人全員の印鑑証明書を添付）を提出すべきことになります。また，公証人が出頭した代理人の氏名を知りかつこれと面識がある場合を除き，人違いでないことを証明するため，代理人自身の印鑑証明書又は運転免許証等の確認資料の提出・提示が必要となります。

なお，委任事項には，定款の内容を具体的に記載する必要があります（通常，委任状に作成する定款を別紙として添付して，袋とじするか，契印をすることによっている。）。

ただし，定款の作成自体の代理の大半は，行政書士や司法書士の専門家が行っており，専門家でない方が定款の作成代理を行う場合は稀のようです。

なお，委任状のひな形及び定款末尾の記載例は，以下のとおりです。

【定款作成自体の委任状】

委　任　状

（代理人の住所）　東京都○○区□□○丁目○番○号
（代理人の氏名）　丁野五郎

上記の者を代理人と定め，下記の権限を委任する。

記

1　東京ＡＢＣ株式会社の設立に際し，別紙のとおりその原始定款を作成する手続に関する一切の件
2　公証人に対して，定款認証の請求を行うこと並びに定款謄本の交付請求及び受領に関する一切の件
3　上記2に関し，第三者にその事務処理を委任し，必要な代理権を授与すること
4　実質的支配者となるべき者の申告書の作成・提出及び申告受理証明書の請求及び受理に関する件

令和○年○月○日

東京ＡＢＣ株式会社
　　住所（甲野一郎の印鑑証明書の住所を記載）
　　　　発起人　　甲野一郎　　（実印）
　　住所（乙野二郎の印鑑証明書の住所を記載）
　　　　発起人　　乙野二郎　　（実印）
（別紙略）

【定款末尾の記載方法】

```
　……………………………………………………

（法令の準拠）
第29条　この定款に規定のない事項は，全て会社法その他の法令に従う。


　以上，東京ＡＢＣ株式会社設立のため，発起人甲野一郎及び発起人乙野
次郎2名の代理人丁野五郎が本定款を作成し，次のとおり記名押印する。


　　　令和○○年○月○日

　　　　　　　　　　　　　発起人　　甲野一郎
　　　　　　　　　　　　　発起人　　乙野次郎

　　　　東京都○○区□□○丁目○番○号
　　　　　　　　　　　　　上記代理人　　丁野五郎　　（実印）
```

【法人の実質的支配者となるべき者の申告書】

実質的支配者となるべき者の申告書（株式会社用）

（公証役場名）
　　　　○○交公証役場　　　公証人　法　務　太　郎　殿

（商号）　　東京ＡＢＣ株式会社

の成立時に実質的支配者となるべき者の本人特定事項等及び暴力団員等該当性について、以下のとおり、申告する。

令和　○年　○月　○日

■ 嘱託人住所　　　　　　　　　　　　　　■ 嘱託人氏名（署名押印又は記名押印（記名＋電子署名も可））

東京都○○区□□□丁目○番○号　　　　　　　甲野一郎　　　　　印

実質的支配者となるべき者の該当事由（①から④までのいずれかの左側の□内に✔印を付してください。）（※1）

- [✔] ❶ 設立する会社の議決権の総数の50％を超える議決権を直接又は間接に有する自然人となるべき者（この者が当該会社の事業経営を実質的に支配する意思又は能力がないことが明らかな場合を除く。）：犯罪による収益の移転防止に関する法律施行規則（以下「犯収法施行規則」という。）11条2項1号参照
- [ ] ❷ ❶に該当する者がいない場合は、設立する会社の議決権の総数の25％を超える議決権を直接又は間接に有する自然人となるべき者（この者が当該会社の事業経営を実質的に支配する意思又は能力がないことが明らかな場合又は他の者が設立する会社の議決権の総数の50％を超える議決権を直接又は間接に有する場合を除く。）：犯収法施行規則11条2項1号参照
- [ ] ❸ ❶及び❷のいずれにも該当する者がいない場合は、出資、融資、取引その他の関係を通じて、設立する会社の事業活動に支配的な影響力を有する自然人となるべき者：犯収法施行規則11条2項2号参照
- [ ] ❹ ❶、❷及び❸のいずれにも該当する者がいない場合は、設立する会社を代表し、その業務を執行する自然人となるべき者：犯収法施行規則11条2項4号参照

実質的支配者となるべき者の本人特定事項等（※2、※3） | **暴力団員等該当性（※4）**

住居	東京都○○区□□□丁目○番○号	国籍等	(日本)・その他　（※5）（　）	性別	(男)・女（※6）	(暴力団員等に)
		生年月日	(昭和)・平成・西暦　年　月　日生	議決権割合	100%（※7）	該当・（非該当）
氏名	よみ　コウノ　イチロウ　　甲野　一郎	実質的支配者該当性の根拠資料	(定款)・定款以外の資料・なし（※8）			
住居		国籍等	日本・その他（※5）（　）	性別	男・女（※6）	（暴力団員等に）
		生年月日	（昭和・平成・西暦）　年　月　日生	議決権割合	%（※7）	該当・非該当
氏名	よみ	実質的支配者該当性の根拠資料	定款・定款以外の資料・なし（※8）			
住居		国籍等	日本・その他（※5）（　）	性別	男・女（※6）	（暴力団員等に）
		生年月日	（昭和・平成・西暦）　年　月　日生	議決権割合	%（※7）	該当・非該当
氏名	よみ	実質的支配者該当性の根拠資料	定款・定款以外の資料・なし（※8）			

※1　❶の50％及び❷の25％の計算は、次に掲げる割合を合計した割合により行う（犯収法施行規則11条3項）。
　　(1)　当該自然人が有する当該会社の議決権が当該会社の議決権の総数に占める割合
　　(2)　当該自然人の支配法人（当該自然人がその議決権の総数の50％を超える議決権を有する法人をいう。この場合において、当該自然人及びその一若しくは二以上の支配法人又は当該自然人の一若しくは二以上の支配法人が議決権の総数の50％を超える議決権を有する他の法人は、当該自然人の支配法人とみなす。）が有する当該会社の議決権が当該会社の議決権の総数に占める割合

※2　「住居、氏名」欄には、❶の場合は、該当する者1名を記載し、❷から❹までの場合は、該当者全員を記載する。

※3　犯収法施行規則11条4項によって、上場企業等及びその子会社が自然人とみなされるので、上記自然人の「住居、氏名」欄に、その「住所、名称」を記載する。

※4　実質的支配者となるべき者が暴力団員（暴力団員による不当な行為の防止等に関する法律第2条第6号）又は国際テロリスト（国際連合安全保障理事会決議第1267号等を踏まえ我が国が実施する国際テロリストの財産の凍結等に関する特別措置法第3条第1項の規定により公告されている者）又は国際連合安全保障理事会決議第1373号等を踏まえ我が国が実施する国際テロリストの財産の凍結等に関する特別措置法第3条第1項の規定による指定を受けている者）のいずれにも該当しない場合には、「暴力団員等該当性」欄の「非該当」を○で囲み、いずれかに該当する場合には、「該当」を○で囲む。

※5　「国籍等」欄は、日本国籍の場合は「日本」を○で囲み、日本国籍を有しない場合は「その他」を○で囲んで具体的な国名等を（　）内に記載する。

※6　「性別」欄は、該当するものを○で囲む。

※7　「議決権割合」欄は、❶及び❷の場合のみ記載する。

※8　「実質的支配者該当性の根拠資料」欄は、定款以外の資料がある場合には、その原本又は写しを添付する。また、実質的支配者となるべき者の本人特定事項等が明らかになる資料も添付する（自然人の場合には、運転免許証、旅券、個人番号カード（マイナンバーカード）、在留カード等の写し等、法人の場合には、全部事項証明書及び印鑑証明書の原本又は写し）。

実質的支配者となるべき者が3名を超える場合は、更に申告書を用いて記入してください。

定款の変更と公証人の認証

(1)　いったん公証人の認証の受けた定款につき，定款変更の
必要が生じた場合どのようにしたらよいですか。

(2)　公証役場では，定款認証後に，発起人等の嘱託人の申出
に基づき，事実上，定款を訂正するということがあります
か。

(1)　いったん公証人の認証を受けた定款につき，定款変更の必要が
生ずる場合があります。例えば，①本店所在地を変更する場合，
②設立時発行株式数・その発行価額を変更する場合，③発起人を
変更する場合等がこれに当たります。

　この場合，①会社成立前（設立登記前）であれば，原則として再
度公証人の認証を必要とします（この場合の認証手数料は2万5,000
円）が，②会社成立後（設立登記後）であれば，公証人の認証は不
要です。

　なお，会社成立前でも，発起人が，会社成立までに，発起人全
員の同意によって既に定款で定めた発行可能株式総数を変更する
場合等，会社法の規定により定款変更する場合には，例外的に公
証人の認証が不要です。

(2)　確かにあるようです。すなわち，定款認証後においても，実務
では，例えば，①会社の目的の記載を一部修正する場合，②発起
人の氏名等の定款上の誤記を訂正する場合など，定款の内容の変
更が軽微な場合には，発起人等の嘱託人の申出に基づき，定款変
更の手続をとらず，既に認証済みの定款を事実上訂正して処理す
ることもあるようです。

【定款変更についての公証人認証の要否】

会社成立前	原則として再度公証人の認証が必要（認証手数料は2万5,000円）。ただし，会社法の規定により定款変更する場合には不要（例えば，発行可能株式総数の変更等）
会社成立後	公証人の認証は不要

【定款認証後の事実上の訂正】

例えば，発起人の氏名等の定款上の誤記を訂正する場合など，定款の内容の変更が軽微な場合には，既に認証済みの定款を事実上訂正して処理することもあるようである。

解　説

1　定款変更についての公証人認証の要否

　いったん公証人の定款認証を受けても，その後定款変更の必要が生ずる場合があります。例えば，①本店所在地を変更する場合，②設立時発行株式数・その発行価額を変更する場合，③発起人を変更する場合等がこれに当たります。

　この場合，定款を変更するのに再度公証人の認証を必要とするかについては，以下のとおり，会社成立前（設立登記前）と会社成立後（設立登記後）とで異なります。

(1)　**会社成立前**（設立登記前）

　ア　原則は再度公証人の認証が必要（例外あり）

　　(ア)　原　則

　　　　会社成立前において定款の変更をする場合には，原則として再度公証人の認証を必要とします。この場合の認証手数料は，2万5,000円です。⚐

　　⚐　会社法は，一定の場合（下記(イ)の表の場合）以外に定款変更ができないことを明文化していますが，定款認証方法の一つとして連続的な認証が可能であるという考えから，実務では，変更定款の認証もできるものと解しています。

(イ)　例　外

　　しかし，以下の場合のように，会社法の規定により定款の変更を
する場合には，会社成立前であっても，公証人の認証は不要とされ
ています。

【会社成立前においても公証人の認証が不要な場合】

①	裁判所が，現物出資，財産引受け等の変態設立事項（Q4，Q21参照）について検査役の報告を受けた結果，不当と認め，変更決定をした場合（会社法30条2項，33条7項）。
②	発起人が，裁判所の上記①の変更決定確定後1週間以内に，設立時発行株式の引受けに係る意思表示を取り消し，発起人全員の同意を得て，変更された事項についての定款の定めを廃止する場合（会社法30条2項，33条9項）。ただし，募集設立の場合には一定の制限有り（会社法95条）。
③	発起人が，株式会社成立までに，発起人全員の同意によって発行可能株式総の定めを設け，又は既にある発行可能株式総数を変更する場合（会社法30条2項，37条1項・2項）。ただし，募集設立の場合には一定の制限有り（会社法95条）。
④	募集設立における創立総会の決議により定款を変更する場合（会社法96条）。ただし，種類株式発行会社においては，場合により種類株主総会の決議等が必要（会社法99条～101条）。

イ　定款変更の記載例

　　定款変更の記載例として，①定款内容の一部を変更する場合と②発
起人に脱退・加入のあった場合を挙げますと，以下のようになります。

　(ア)　定款内容の一部を変更する場合の記載例

変　更　定　款

　令和○年○月○日東京法務局所属公証人○○が同年○○号をもって認証
した東京ＡＢＣ株式会社の定款中
　（本店の所在地）
　第○条　当会社は，本店を東京都中央区に置く。
とあるのを，
　第○条　当会社は，本店を東京都新宿区に置く。

と変更し，

（設立に際して発行する株式）

　第○条　当会社の設立に際して発行する株式は，普通株式100株とし，

　　　　その発行価額は1株につき3万円とする。

とあるのを，

　第○条　当会社の設立に際して発行する株式は，普通株式300株とし，

　　　　その発行価額は1株につき1万円とする。

と変更する。

　上記定款の変更をするために発起人全員が次に記名押印する。

　　令和○年○月○日

　　　　　　　　　　　東京ＡＢＣ株式会社

　　　　　　　　　　　　住所　　東京都○○区□□○丁目○番○号

　　　　　　　　　　　　　　発起人　　甲野一郎（実印）

　　　　　　　　　　　（以下　省略）

（イ）　発起人に脱退・加入のあった場合の記載例

変　更　定　款

　東京ＡＢＣ株式会社設立発起人甲野一郎及び乙野次郎は，乙野次郎が発起人を脱退し，新たに丙野三郎が発起人として加入することに同意し，かつ丙野三郎はその加入を承諾したので，令和○年○月○日東京法務局所属公証人○○が同年○○号をもって認証した上記会社の定款第○条を次のとおり変更する。

（発起人の氏名，住所及び引受株数）

第○条中，乙野次郎の欄を削除し，次のとおり加える。

　住所　東京都○○区□□○丁目○番○号

　普通株式100株　丙野三郎

　上記定款の変更をするために発起人全員が次に記名押印する。

　　令和○年○月○日

　　　　　　　　　　　東京ＡＢＣ株式会社

　　　　　　　　　　　　住所

　　　　　　　　　　　　発起人　　甲野一郎　　（実印）

　　　　　　　　　　　　住所

　　　　　　　　　　　　脱退発起人　乙野次郎　　（実印）

　　　　　　　　　住所
　　　　　　　　　加入発起人　丙野三郎　　　（実印）

---

(2)　**会社成立後**（設立登記後）（定款認証不要）

　会社成立後の定款変更は，変更された定款につき認証を受ける必要はありません。したがって，変更事項が登記事項の場合でも，公証人の認証を受けることなく，登記所に変更登記申請をすればよいことになります。

　また，会社の合併あるいは組織変更に伴い作成される新定款についても，同様に公証人の認証は不要です。

2　定款の事実上の訂正

　会社法等に規定はありませんが，定款認証後においても，実務では，例えば，①会社の目的の記載を一部修正する場合，②発起人の氏名等の定款上の誤記を訂正する場合など，定款の内容の変更が軽微な場合には，発起人等の嘱託人の申出に基づき，定款変更の手続をとらず，既に認証済みの定款を事実上訂正して処理することもあるようです。

　しかし，発起人の変更のような場合には，事実上の訂正とはいえず，定款変更手続をとらざるを得ません。

　なお，定款の訂正方法については，**Q23**を参照してください。

株式会社の原始定款を紛失した場合の処置

　株式会社の原始定款を紛失した場合には，公証役場で定款原本に基づいて謄本を作成してもらうことができます。しかし，20年間の保存期間が経過しているときは，会社の方で復元していただくほかありません。

1　公証役場における定款原本の保存期間 （20年）

　公証役場では，定款原本の保存期間が20年であり（公証人法施行規則27条１項１号），この保存期間内であれば，この定款原本に基づいて，依頼者にその謄本を作成（作成手数料は用紙１枚つき250円）して交付しています。この場合，代表取締役が直接，謄本申請に来られる場合には，「代表者の印鑑証明書」，「会社の登記簿謄本（登記事項証明書）」及び「登録印鑑」が必要となります（代理人の場合は，これらの書類のほか「委任状」が必要です。）。

　しかし，この保存期間が過ぎますと，定款原本が廃棄されることになるので，このような措置をとることができないことになります。

　なお，登記所（法務局）には，株式会社の設立登記申請の際にその添付書類として定款（謄本）を提出しますが，その保存期間は受付の日から10年です（商業登記規則34条４項４号）ので，公証役場よりも以前に廃棄されていることになります。

　それでは，公証役場での保存期間が経過していたときの定款の復元はどうしたらよいのでしょうか？

2　保存期間経過後の定款の復元方法

　株式会社の設立登記後においては，定款の変更をしても公証人の認証の問題は生じません。すなわち，設立登記後における変更定款には公証人の認証が不要です。したがって，公証役場での保存期間経過後に原始定款を紛失した場合には，定款の復元自体に公証役場が関与することはできません。もちろん，登記所も関与することができません。復元方法としては，以下の方法が考えられます。

（1）　原始定款を復元する方法

　原始定款を作成した発起人の人たちなどが会社の登記事項証明書（商

業登記簿謄本）等を参考にし，記憶を喚起しながら復元します。

　そして，この復元した定款にその旨の証明文を添付して，公証人から私署証書の認証を受けるという方法です。

(2)　株主総会の定款変更の決議を経て新たに定款を作成する方法

　会社の登記事項証明書（商業登記簿謄本）等を参考にしながら，登記事項に合うように定款の変更決議（特別決議）を行い，株主総会議事録を作成し，これに従って代表取締役名義で新たに定款を作成するという方法です。この方法が一般的だと思われます。

3　定款の備置きとその閲覧・謄本交付

　定款は，会社成立前は，発起人がその定めた場所に備え置き，また，会社成立後は，本店及び支店に備え置かなければなりません（会社法31条1項。電子定款の場合には支店に備え置く必要のない場合もあります（同条4項)。)。

　そして，会社成立前においては，発起人及び設立時募集株式の引受人が，また，会社成立後においては，株主及び債権者が，それぞれ定款の閲覧及びその謄本等の交付請求をすることができます（会社法31条2項，102条1項)。

　したがって，各会社においては，定款は紛失しないように，きちんと保管しておくべきです。

第7　設立登記申請に関する事項

28 株式会社の設立登記申請書等の作成方法

(1)　株式会社の設立登記申請は，どこの法務局にすればよいですか。

(2)　株式会社の設立登記申請書及びその添付書類の作成方法について，説明してください。

A　(1)　株式会社の設立登記申請は，会社の代表すべき者（代表者）が「会社の本店の所在地を管轄する登記所（法務局・地方法務局又はこれらの支局・出張所）」において行うことになります。

　　会社代表者の代理人が登記申請をすることもできます。

(2)　申請書と添付書類の作成方法については，後掲の

　①　発起設立における非取締役会設置会社の設立登記申請書及びその添付書類のひな形（参考1）

　②　発起設立における取締役会設置会社の設立登記申請書及びその添付書類のひな形（参考2）

　③　募集設立における取締役会設置会社の設立登記申請書及びその添付書類のひな形（参考3）

を参照してください。

【設立登記申請すべき登記所】

・会社の本店の所在地を管轄する登記所（法務局・地方法務局又はこれらの支局・出張所）に登記申請。

・登記申請者は会社代表者（ただし，代理人による申請も可）。

◁ 解　説 ▷

1　株式会社の設立登記（発起設立の場合）————————•

⑴　本店所在地における設立登記

　株式会社の設立登記は，本店の所在地において，以下に掲げる日のいずれか遅い日から2週間以内にする必要があります（会社法911条1項・2項）。なお，この設立登記申請は，会社を代表すべき者（代表者）が会社の本店の所在地を管轄する登記所（法務局・地方法務局又はこれらの支局・出張所）において行うことになります（会社法911条1項，商業登記法1条の3）。

　　ア　発起設立の場合（会社法911条1項）

　　　①　設立時取締役等による調査が終了した日

　　　②　発起人が定めた日

　　イ　募集設立の場合（会社法911条2項）

　　　①　創立総会の終結の日

　　　②　会社法84条の種類創立総会の決議をしたときは，当該決議の日

　　　③　会社法97条の創立総会の決議をしたときは，当該決議の日から2週間を経過した日

　　　④　会社法100条1項の種類創立総会の決議をしたときは，当該決議の日から2週間を経過した日

　　　⑤　会社法101条1項の種類創立総会の決議をしたときは，当該決議の日

⑵　支店所在地における設立登記

　会社の設立に際して支店を設けた場合は，当該支店の所在地において本店の所在地における設立の登記をした日から2週間以内にする必要があります（改正前会社法930条1項1号）。

　ただし，令和元年改正の新会社法により支店の所在地における登記が廃止されました（改正前会社法930条〜932条の規定の削除。当該改正（削除）規定は，公布の日（令和元年12月11日）から起算して3年6月を超えない範囲内において政令で定める日から施行される。）。

2　株式会社の設立登記申請書及びその添付書類の作成方法────•

　株式会社の設立登記申請書には，法定の書面を添付する必要があります（商業登記法47条2項～4項）。

　これらの書類の作成方法は，法務局のホームページ（http://houmukyoku. moj.go.jp/homu/touki2.html）の「商業・法人登記申請手続」中の「株式会社」の申請書様式（確認日：2020年11月13日）に掲載されています。

　本書は，これらの申請書様式を基に，①発起設立における非取締役会設置会社の設立登記申請書及びその添付書類のひな形，②発起設立における取締役会設置会社の設立登記申請書及びその添付書類のひな形並びに③募集設立における取締役会設置会社の設立登記申請書及びその添付書類のひな形を掲げることにします。これらの書類の作成上の留意点は，ひな形の中に記載することにしました。

　なお，以下のひな形は，法務局の上記申請書様式どおりではなく，なるべく，**Q24**の定款作成例に合わせて作成することを心掛けたものです。

3　株式会社設立登記申請書類のまとめ方────────•

　登記所に設立登記申請書とその添付書類を登記所に提出する際に，一般に，以下の第1グループ及び第2グループごとにクリップ等でまとめ，さらにこれら全体をクリップ等で止めて提出することが，書類の整理上，ベターだと思われます。

　なお，これらの書類の作成方法については，後記の設立登記申請書類のひな形を参照してください。

⑴　**第1グループ**

　以下の書類をひとまとめにしてクリップ等で止めます。なお，これらの書類の中には，会社の設立形態によって不要のものもあります。この点は，後記の設立登記申請書類のひな形を参照してください。

　①　株式会社設立登記申請書

　②　収入印紙添付台紙（当該台紙を①の申請書に合てつし，契印（割り印）する。さらに，「登記すべき事項」を用紙（通常A4判）に記載した場合には，当該用紙も①の申請書に合てつし，契印（割り印）する。）

③　定款

④　設立時発行株式並びに資本金及び資本準備金の額に関する発起人の同意書（募集設立のときは，そのほかに，設立時募集株式についての発起人の同意書，株式申込証）

⑤　設立時取締役，設立時監査役選任及び本店（及び支店）所在場所決議書（募集設立のときは，創立総会議事録，本店（及び支店）所在場所決議書）

⑥　設立時代表取締役選定決議書

⑦　設立時取締役，設立時代表取締役及び設立時監査役の就任承諾書

⑧　印鑑証明書

⑨　本人確認証明書

⑩　設立時取締役及び設立時監査役の調査報告書及びその附属書類

⑪　払込証明書（募集設立のときは，払込金保管証明書）

⑫　資本金の額の計上に関する設立時代表取締役の証明書

⑬　委任状

(2)　**第2グループ**

印鑑届書（この作成方法については，後記**5**の(2)を参照）

(3)　**第3グループ**

　現在，法務局では，「登記すべき事項」の記載用のＯＣＲ用紙の配布を取りやめており，登記すべき事項の提出方法としては，主に，①「登記・供託オンライン申請システムによる提出」（法務省ウェブサイト「登記・供託オンライン申請システムによる登記事項の提出について」〈http://www.moj.go.jp/MINJI/minji06_00051.html〉参照），②「磁気ディスク（FD，CD-ROM又はCD-R）による提出」（法務省ウェブサイト「商業・法人登記申請における登記すべき事項を記録した電磁的記録媒体の提出について」〈http://www.moj.go.jp/MINJI/MINJI50/minji50.html〉参照），③「用紙（ペーパー）による提出」（「登記すべき事項」を，設立登記申請書に直接記載するか，又は任意の用紙（通常Ａ4判）に記載し，設立登記申請書に合てつして申請書と契印（割り印）をする方法）があります。

　したがって，「登記すべき事項」を上記②の磁気ディスク（FD，CD-ROM又はCD-R）によって提出する場合には，「登記すべき事項」を記録したＦＤ等を提出する必要があります。

　なお，③の「用紙による提出」の場合には，上記のとおり，設立登記申請書に合てつすることになりますし，また，①の「登記・供託オンライン申請システムによる提出」の場合には，用紙やFD等による提出は不要ということになります。

4　株式会社の設立登記にかかる費用

　設立登記にかかる直接の費用としては，設立登記に必要な登録免許税として，資本金の額の1,000分の7に相当する額（ただし，それが15万円に満たないときは15万円。登録免許税法別表一の24号㈠イ）がかかるだけです。

　しかし，そのほかに印鑑届書に押印する代表者印の作成代，代表取締役等の印鑑証明書代等が必要となります（なお，定款認証費用等についてはQ26参照）。

5　その他株式会社の設立登記申請上の留意点

(1)　代理申請及び郵送による申請の可否（いずれも可）

　株式会社の設立登記申請は，代表取締役によってするのが原則ですが，代理人によって申請することもできます（その場合には委任状が必要）。

　また，郵送で申請することもできます。

(2)　会社の代表印の作製と印鑑届書の提出

　設立登記申請までに「会社の代表印」を作製し，設立登記申請と同時に会社代表印を登録するため，登記申請と同じ管轄登記所に「印鑑届書」を作成して提出する必要があります（後記「印鑑届書のひな形」参照）。

　代表取締役が複数いる場合には，その一部の者が代表印の登録をすることもできますし，各代表取締役が代表印の登録をすることもできます。複数の者が登録する場合には，別個の代表印で「印鑑届書」を作成・提出することを要します。

　なお，代表印の大きさは，「辺の長さが1cmを超え，3cm以内の正方形に収まる」ことを要します。また，「印鑑届書」を提出する際，代表者の作成後3か月以内の市区町村長の証明した印鑑証明書を添付する必要がありますが，設立登記申請書に添付した印鑑証明書を援用することができ

【印鑑届書のひな形】

印 鑑 （ 改 印 ） 届 書

※ **太枠の中に書いてください。**

(地方)法務局　　　支局・出張所　　　令和〇年　〇月　〇日　届出

(注1)（届出印は鮮明に押印してください。）	商号・名称	東京ＡＢＣ株式会社
	本店・主たる事務所	東京都〇〇区□□〇町〇番〇号
印鑑提出者	資 格	代表取締役・取締役・代表理事 理事・（　　　　　　　　　）
	氏 名	甲野 一郎
	生年月日	大・昭・平・西暦　年　月　日生
	会社法人等番号	

□ 印鑑カードは引き継がない。

(注2) □ 印鑑カードを引き継ぐ。

印鑑カード番号 ＿＿＿＿＿＿＿＿＿＿＿＿＿＿＿

前 任 者 ＿＿＿＿＿＿＿＿＿＿＿＿＿＿＿

届出人 (注3)　□ 印鑑提出者本人　　□ 代理人

(注3)の印

住 所	東京都〇〇区□□〇丁目〇番〇号
フリガナ	コウノ イチロウ
氏 名	甲野 一郎

委 任 状

　私は，(住所)

　　　　(氏名)

を代理人と定め，印鑑(改印)の届出の権限を委任します。

　　　年　　月　　日

　住 所

　氏 名　　　　　　　　　　　　　　　印

(注3)の印　市区町村に登録した印鑑

□　**市区町村長作成の印鑑証明書は，登記申請書に添付のものを援用する。** (注4)

(注1)　印鑑の大きさは，辺の長さが1cmを超え，3cm以内の正方形の中に収まるものでなければなりません。

(注2)　印鑑カードを前任者から引き継ぐことができます。該当する□にレ印をつけ，カードを引き継いだ場合には，その印鑑カードの番号・前任者の氏名を記載してください。

(注3)　本人が届け出るときは，本人の住所・氏名を記載し，**市区町村に登録済みの印鑑**を押印してください。代理人が届け出るときは，代理人の住所・氏名を記載，押印（認印で可）し，委任状に所要事項を記載し，本人が**市区町村に登録済みの印鑑**を押印してください。

(注4)　この届書には作成後3か月以内の**本人の印鑑証明書**を添付してください。登記申請書に添付した印鑑証明書を援用する場合は，□にレ印をつけてください。

印鑑処理年月日					
印鑑処理番号	受 付	調 査	入 力	校 合	

(乙号・8)

ます。

　「印鑑届書」の用紙は法務局で備えてありますし（無料），また，上記法務局のホームページ（http://houmukyoku.moj.go.jp/homu/COMMERCE_11-1.html）からダウンロードすることもできます。

　この代表印は，会社の設立登記完了後，会社名義で銀行に預金口座を設ける際に必要となったり⑦，会社が取引先と契約書を取り交わす際の契約印となりますので，その保管には十分注意すべきです。

> ⑦　会社名で預金口座（普通預金・当座預金口座）を開設するには，一般に「会社の登記事項証明書（登記簿謄本）」，「定款」，「代表者の印鑑証明書」，「会社実印」，「銀行印（口座開設の届出印）」等が必要となります。なお，一般に会社は，上記の「会社代表印」，「銀行印」のほか，請求書，領収書等の日常業務に使用する「角印（会社名のみが入った四角い印）」を作製しているようです。

(3)　設立登記申請から登記完了までの期間

　この期間は，各登記所の繁忙度によって異なりますが，通常，数日間から2週間程度かかるようです。この間に補正（訂正）箇所があるような場合には，登記所から連絡があります。

　なお，設立登記の日は，申請を取り下げたり，却下されない限り，登記申請日となります。

【会社の設立登記の日は？】

申請の取下げ等がない限り，登記申請日

参考1 | 非取締役会設置会社の設立登記申請書類のひな形と説明

（発起設立，非公開会社，株券不発行，設立時取締役2名・設立時代表取締役設置，監査役（会計監査限定）設置，会計参与非設置，発起設立，現物出資有り。なお，役員につき婚姻前の氏の併記の申出をする場合）

株式会社設立登記申請書

　　　　フリガナ　　　　　　トウキョウエービーシー
1．商　　　　号　　東京ＡＢＣ株式会社

　🖎　商号のフリガナは，会社の種類を表す部分（株式会社）を除いて，片仮名で，左に詰めて記載してください。間に空白がある場合には，空白を削除した文字をフリガナとして登録します。このフリガナは，国税庁法人番号公表サイトを通じて公表されます。なお，登記事項証明書には，フリガナは表示されません。

1．本　　　　店　　東京都○○区□□○丁目○番○号
1．登 記 の 事 由　　令和○年○月○日発起設立の手続終了

　🖎　設立登記以外の手続を終了した日を記載してください。

1．登記すべき事項　　別紙のとおり（又は「別添FD，CD-ROM又はCD-Rのとおり」，あるいは，「別紙のとおりの内容をオンラインにより提出済み」）

　🖎　法務局では，現在では「登記すべき事項」の記載用のＯＣＲ用紙の配布を取りやめています。
　　　現在，登記すべき事項の提出方法としては，主に，①「登記・供託オンライン申請システムによる提出」，②「磁気ディスク（FD，CD-ROM又はCD-R）による提出」，③「用紙（ペーパー）による提出」（「登記すべき事項」を，申請書に直接記載するか，又は任意の用紙（通常Ａ4判）に記載し，申請書に合てつして申請書と契印（割り印）をする方法）があります。
　　　通常，代理人を用いずに，自分で設立申請をする場合には，③「用紙（ペーパー）による提出」をする方法（特にＡ4判の紙にパソコンで入力する方法）でよいと思われます。

1．課 税 標 準 金 額　　金300万円

　🖎　資本金の額を記載してください。

1．登 録 免 許 税　　金150,000円

👉　登録免許税は，資本金の額の1,000分の7の額です。ただし，この額15万円に満たない場合は，15万円になります。また，100円未満の端数があるときは，その端数金額は切り捨てます。収入印紙又は領収証書で納付します（後記収入印紙貼付台紙へ貼付）。

1．添　付　書　類

定　款　　　　　　　　　　　　　　　　　　　　　　　　　　1通

👉　公証人の認証を得たものであることを要します。

発起人の同意書　　　　　　　　　　　　　　　　　　　　　　○通

👉　発起人の同意書は，定款に「設立に際して発起人が割当てを受けるべき株式の数及び払い込むべき金額，株式発行事項又は発行可能株式総数の内容」及び「資本金及び資本準備金の額」が記載されている場合には不要です。この場合は，「発起人の同意書は，定款の記載を援用する。」と記載すれば足ります。

設立時取締役，設立時監査役選任及び本店所在場所決議書　　　1通

👉　定款に「設立時取締役，設立時監査役選任及び本店所在場所（住居表示上の地番まで特定）」の記載があるときは，当該決議書は不要です。この場合は，「設立時取締役，設立時監査役選任及び本店所在場所決議書は，定款の記載を援用する。」と記載すれば足ります。

　　なお，例えば，「設立時取締役及び設立時監査役の選任」のみが定款に記載されているときは，「本店所在場所決議書　1通」とした上で，「設立時取締役及び設立時監査役選任決議書は，定款の記載を援用する。」と記載すれば足ります。

設立時代表取締役を選定したことを証する書面　　　　　　　　1通

👉　定款に「設立時代表取締役の選定」の記載があるときは，当該書面は不要です。この場合は，「設立時代表取締役を選定したことを証する書面は，定款の記載を援用する。」と記載すれば足ります。

　　なお，設立時代表取締役を選定しない場合はこの書面は不要です。

設立時取締役，設立時代表取締役及び設立時監査役の就任承諾書　○通

👉　定款に「設立時取締役，設立時代表取締役及び設立時監査役の就任」の記載があり，かつこれらの者が発起人であるときは，当該就任承諾書は不要です。この場合は，「設立時取締役，設立時代表取締役及び設立時監査

役の就任承諾書は，定款の記載を援用する。」と記載すれば足ります。

　なお，設立時代表取締役を選定しない場合は，設立時代表取締役の就任承諾書は不要です。

印鑑証明書　　　　　　　　　　　　　　　　　　　　　　　　○通

🐾　設立時代表取締役が就任承諾書に押した印鑑につき発行後3か月以内の市町村長が作成した印鑑証明書を添付します。なお，代表取締役の印鑑について「印鑑届書」をあらかじめ（この申請と同時に）提出する必要があります（用紙は法務局でもらえる（無料）。また，法務局ホームページ「商業・法人登記の申請書様式」からダウンロードすることも可能）。

　なお，非取締役会設置会社では，取締役が各自会社を代表するのが原則であるので，取締役全員が就任承諾書に押印した印鑑につき，上記印鑑証明書の添付を要します。

本人確認証明書　　　　　　　　　　　　　　　　　　　　　　○通

🐾　設立時取締役，設立時監査役（印鑑証明書を添付しない役員）について，住民票記載事項証明書，運転免許証のコピー（裏面もコピーし，本人が原本と相違ない旨を記載して，署名又は記名押印したもの。2枚以上の場合には，合わせてとじて当該書面に押した印鑑で契印する。）等の本人確認証明書を添付することを要します（詳細は，法務省ウェブサイト「1 役員の登記（取締役・監査役の就任，代表取締役の辞任）添付書面の改正について」〈http://www.moj.go.jp/MINJI/minji06_00085.html〉参照）。

設立時取締役及び設立時監査役の調査報告書及びその附属書類　1通

🐾　この調査報告書及び附属書類は，現物出資に関する事項（会社法28条各号）についての定めが定款に記載されている場合にのみ必要となります。したがって，この定めがないときは，この書類は不要です。

　なお，設立時取締役及び設立時監査役は，現物出資の給付の有無をも調査することになっていることから，その有無を従来の財産引継書等により確認することがあり，これがその附属書類となります。

払込みがあったことを証する書面　　　　　　　　　　　　　　1通

🐾　具体的な書面として，「払込金受入証明書」又は「設立時代表取締役が作成した設立に際して出資される金銭の全額の払込みを受けたことを証明する旨を記載した書面」に預金通帳の写しや取引明細票を合わせてとじたもの等が該当します。通常，預金通帳の写しの合てつでよいと思われま

す。

資本金の額の計上に関する設立時代表取締役の証明書　　1通
委任状　　　　　　　　　　　　　　　　　　　　　　　1通

☝　委任状は，代理人に申請を委任した場合のみ必要です。

契
印

【それ以外の添付書類の例】

・株主名簿管理人との契約を証する書面

　☝　株主名簿管理人を置いた場合に必要になります。この場合には，
　　併せて，株主名簿管理人を選定した発起人の過半数の一致のあった
　　ことを証する書面も必要です。

・検査役の調査報告書及びその附属書類

　☝　現物出資した場合に必要です（必要ない場合もある。）。

・弁護士等の証明書及びその附属書類

　☝　現物出資した場合に必要です。

・不動産を現物出資した場合には，不動産鑑定士の鑑定評価を記載した書面
　の添付も必要です。

・有価証券の市場価格を証する書面

　☝　市場価格のある有価証券を現物出資した場合に必要です。

・検査役の報告に関する裁判の謄本

　☝　検査役の報告に関する裁判があった場合に必要です。

上記のとおり登記の申請をします。

下記の者につき，婚姻前の氏を記録するよう申し出ます。
なお，婚姻前の氏を証する書面として，
□戸籍の全部事項証明書・個人事項証明書・一部事項証明書,戸籍謄本・抄本
□その他（　　　　　　　　　　　）
を添付します。
　　　　　　　　　　　　記
婚姻前の氏をも記録する者の資格及び氏名

```
    資格　　取締役及び代表取締役
    氏名　　甲野一郎
    記録すべき婚姻前の氏　　霞ヶ関
```

🖎　同時に，役員について，婚姻前の氏の記録をするよう申し出る場合に記載します（詳細は，法務省ウェブサイト「2 役員欄への婚姻前の氏の記録について」〈http://www.moj.go.jp/MINJI/minji06_00085.html〉参照）。

令和○年○月○日

　　　　　　　　東京都○○区□□○丁目○番○号　　（注1）
　　　　　　　　申請人　　　東京ＡＢＣ株式会社　　（注2）

　　　　　　　　東京都○○区□□○丁目○番○号　　（注3）
　　　　　　　　代表取締役　　甲野一郎　　　　印　（注4）

　　　　　　　　東京都○○区□□○丁目○番○号　　（注5）
　　　　　　　　上記代理人　　法務三郎　　　　印　（注6）
　　　　　　　　連絡先の電話番号　03-○○○○-○○○○　（注7）

○○法務局　　○○支局　　御中
　　　　　　　　出張所

（注1）　本店の所在地を記載してください。
（注2）　商号を記載してください。
（注3）　設立時代表取締役の住所を記載してください。なお，設立時代表取締役を選定していないときは，取締役が各自会社を代表しますので，取締役の一人の住所・氏名を記載すればよいです。
（注4）　登記所に届けるべき代表取締役の印鑑（印鑑届書の印鑑）を押印してください。
（注5）6）　代理人が申請する場合にのみ記載し，代理人の住所を記載し，代理人の印鑑を押印してください。この場合，設立時代表取締役の押印は不要です。
（注7）　登記所から補正（訂正）箇所がある場合，登記所から連絡があるのでそれに備えて，連絡先の電話番号を記載してください。

収入印紙貼付台紙

      ☞　割印をしないで貼ってくださ
い。また，収入印紙の消印作業
の都合上，右側に寄せて貼り付
けてください。

収　入
印　紙

契
印

  ☞①　登記申請書（収入印紙貼付台紙を含む。）は，各ページに契印してく
ださい。
    ②　契印には，登記申請書に押印した印鑑と同一の印鑑を使用してく
ださい。

「登記すべき事項」の記載例（☞1）

（オンラインにより提供する場合，FD等に記録して提出する場合，用紙で提出する場
合も，記載方法は同じ）

「商号」東京ＡＢＣ株式会社

「本店」東京都○○区□□○丁目○番○号

「公告をする方法」官報に掲載してする。（☞2）

「目的」（☞3）

1　家庭電化用品の製造及び販売

2　家具，什器類の製造及び販売

3　光学機械の販売

4　前各号に附帯又は関連する一切の事業

「発行可能株式総数」1,000株

「発行済株式の総数」300株

「資本金の額」金300万円

「株式の譲渡制限に関する規定」(⚐4)

当会社の株式を譲渡するには，代表取締役の承認を受けなければならない。ただし，当会社の株主に譲渡する場合は承認したものとみなす。

「役員に関する事項」

「資格」取締役

「氏名」甲野一郎（霞ヶ関一郎）(⚐5)

「役員に関する事項」

「資格」取締役

「氏名」乙野次郎

「役員に関する事項」

「資格」代表取締役(⚐6)

「住所」東京都○○区□□○丁目○番○号

「氏名」甲野一郎（霞ヶ関一郎）(⚐7)

「役員に関する事項」

「資格」監査役

「氏名」丁野四郎

「役員に関するその他の事項」

監査役の監査の範囲を会計に関するものに限定する旨の定款の定めがある

「監査役設置会社に関する事項」

監査役設置会社

「登記記録に関する事項」設立

> (⚐1)　①　登記すべき事項をオンラインによりあらかじめ提出する場合には，登記すべき事項の提出の際に作成した情報を利用して，申請書を簡単に作成することもできますし，手続の状況をオンラインで確認することもできます（詳細は，法務省ウェブサイト「登記・供託オンライン申請システムによる登記事項の提出について」〈http://www.moj.go.jp/MINJI/minji06_00051.html〉参照）。
>
> 　②　登記事項を記録したＣＤ-Ｒを提出する場合には，登記すべき事項は，「メモ帳」機能等を利用してテキスト形式で記録し，ファイル名は「（任意の名称）.txt」としてください（詳細は，法務省ウェブ

サイト「商業・法人登記申請における登記すべき事項を記録した電磁的記録媒体の提出について」〈http://www.moj.go.jp/MINJI/MINJI50/minji50.html〉参照）。

　③　用紙（ペーパー）による提出の場合は，「登記すべき事項」を，申請書に直接記載するか，又は任意の用紙（通常Ａ４判）に記載し，申請書に合てつして申請書と契印（割り印）してください。

（注2）「電子公告の方法により行う。」とする場合は，公告ホームページ（ウェブサイト）のアドレスも記載する必要があります（会社法911条3項28号イ，会社法施行規則220条）。アドレスの記載例は以下のとおりです。

　　　http://www.dai-ichi-denki.co.jp/koukoku/index.html

（注3）4）「目的」，「株式の譲渡制限に関する規定」は，定款記載のまま記載します。

（注5）7）　括弧内の「霞ヶ関一郎」は，婚姻前の氏の記録をする場合の入力例です。

（注6）　非取締役会設置会社では，定款で取締役を複数定めても，代表取締役を選定しない場合には，各自が会社の代表権を有する（会社法349条2項）ので，取締役全員を代表取締役として記載します。

　　なお，取締役が1名の場合には，当該取締役が代表取締役の選定手続を待たずに当然に代表取締役となります。

　　ちなみに，登記記録上，代表取締役の住所・氏名を記載します。

「設立時発行株式に関する発起人の同意書」の記載例（注1）

同　意　書

　本日発起人全員の同意をもって，会社が設立の際に発行する株式に関する事項を次のように定める。

1　発起人甲野一郎が割当てを受けるべき株式の数及び払い込むべき金額
　　東京ＡＢＣ株式会社　普通株式　　100株
　　株式と引換えに払い込む金額　　金100万円（注2）
　　なお，払い込むべき金額全額については，その代替として，発起人甲野一郎の所有に係る○○製普通乗用自動車1台（車種○○，型式番号○○○○，車体番号○○○○）及びパーソナルコンピュータ1台（○○株式会社令和○年製，型番○○○○，製造番号○○○○）とする。

1　発起人乙野次郎が割当てを受けるべき株式の数及び払い込むべき金額
　　東京ＡＢＣ株式会社　普通株式　　100株

```
　　　株式と引換えに払い込む金額　　　金100万円
　1　発起人丙野三郎が割当てを受けるべき株式の数及び払い込むべき金額
　　　東京ＡＢＣ株式会社　普通株式　　　100株
　　　株式と引換えに払い込む金額　　　金100万円
　上記事項を証するため，発起人全員記名押印（又は署名）する。


　　令和○年○月○日
　　　　東京ＡＢＣ株式会社
　　　　　　　　　　　東京都○○区□□○丁目○番○号
　　　　　　　　　　　　　　発起人　　　甲野一郎　㊞
　　　　　　　　　　　東京都○○区□□○丁目○番○号
　　　　　　　　　　　　　　発起人　　　乙野次郎　㊞
　　　　　　　　　　　東京都○○区□□○丁目○番○号
　　　　　　　　　　　　　　発起人　　　丙野三郎　㊞
```

(注1)　①　本同意書は，会社法32条1項1号・2号及び商業登記法47条3項
　　　　　　に基づく書面です。
　　　　②　発起人の引受株式数及びその払い込むべき金額の記載が定款にあ
　　　　　　るときは，本同意書を申請書に添付する必要はありません。この場
　　　　　　合，申請書には，「発起人の同意書は，定款の記載を援用する。」と
　　　　　　記載すれば足ります。
(注2)　①　全額金銭出資の場合には，単に「株式と引換えに払い込む金額
　　　　　　金100万円」と記載すればよく，なお書きは不要となります。
　　　　②　一部金銭出資の場合には，「株式と引換えに払い込む金額　金100
　　　　　　万円。なお，払い込むべき金額のうち90万円については，発起人甲
　　　　　　野一郎の所有に係る○○製普通乗用自動車1台（車種○○，型式番
　　　　　　号○○○○，車体番号○○○○）及びパーソナルコンピュータ1台
　　　　　　（○○株式会社令和○年製，型番○○○○，製造番号○○○○）とする。」
　　　　　　と記載することになります。

「資本金及び資本準備金を発起人全員の同意により定めた場合の同意書」の記載例⌘

```
　　　　　　　　　　　　同　　意　　書

　本日発起人全員の同意をもって，資本金の額を次のように定める。
　1　資本金の額　　　金300万円
```

1　資本準備金の額　金　　0円
　　上記事項を証するため，発起人全員記名押印（又は署名）する。

　　令和○年○月○日
　　　東京ＡＢＣ株式会社
　　　　　　　　　　　東京都○○区□□○丁目○番○号
　　　　　　　　　　　　　　発起人　　　甲野一郎　　㊞
　　　　　　　　　　　東京都○○区□□○丁目○番○号
　　　　　　　　　　　　　　発起人　　　乙野次郎　　㊞
　　　　　　　　　　　東京都○○区□□○丁目○番○号
　　　　　　　　　　　　　　発起人　　　丙野三郎　　㊞

　☞　本同意書は，会社法32条１項３号及び商業登記法47条３項に基づく書面
　　であり，前掲「設立時発行株式に関する発起人の同意書」と一緒に記載し
　　ても構いません。
　　　なお，資本金及び資本準備金について定款に定めがあるときは，申請書
　　には，「発起人の同意書は，定款の記載を援用する。」と記載すれば足りま
　　す。

「設立時取締役，設立時監査役選任及び本店所在場所決議書」の記載例 ☞

　　　　　　設立時取締役，設立時監査役選任及び本店所在場所決議書

　　令和○年○月○日東京ＡＢＣ株式会社創立事務所において発起人全員出
　席し（又は議決権の過半数を有する発起人出席し），その全員の一致の決
　議により，次のとおり，設立時取締役及び設立時監査役を選任し，かつ，
　本店所在場所を決定した。
　　設立時取締役　東京都○○区□□○丁目○番○号　甲野一郎
　　同　　　　　　東京都○○区□□○丁目○番○号　乙野次郎
　　設立時監査役　東京都○○区□□○丁目○番○号　丁野四郎
　　本　　　　店　東京都○○区□□○丁目○番○号
　　上記決定事項を証するため，発起人の全員（又は出席した発起人）は，
　次のとおり記名押印（又は署名）する。

　　令和○年○月○日
　　　東京ＡＢＣ株式会社
　　　　　　　　　　　東京都○○区□□○丁目○番○号
　　　　　　　　　　　　　　発起人　　　甲野一郎　　㊞

> 東京都○○区□□○丁目○番○号
> 　　　　　発起人　　　乙野次郎　㊞
> 東京都○○区□□○丁目○番○号
> 　　　　　発起人　　　丙野三郎　㊞

✐①　本決議書は，会社法38条1項・3項（発起設立関係）及び911条3項3号に基づく書面です。なお，設立時役員等の選任等は，発起人の議決権（発起人が出資の履行をした設立時発行株式1株につき1個の議決権を有する。）の過半数をもって決定します（会社法40条1項・2項）。

②　定款に「設立時取締役，設立時監査役選任及び本店所在場所（住居表示上の地番まで特定）」の記載があるときは，当該決議書は不要です。この場合は，「設立時取締役，設立時監査役選任及び本店所在場所決議書は，定款の記載を援用する。」と記載してください。

③　発起人の中から選任された被選任者が席上で就任を承諾し，その旨の記載，当該被選任者の住所の記載及び被選任者の記名押印（設立時取締役につき，市町村に登録した印鑑を押す。設立時監査役については，認印で構わない。）が決議書にある場合には，申請書に別途就任承諾書を添付することを要しません。

　　就任承諾書の添付を省略する場合においても，設立時取締役につき，市町村長が作成した印鑑証明書の添付が必要です。設立時監査役を選任した場合には，住民票記載事項証明書等の本人確認証明書を添付することが必要です。なお，この場合，申請書には，「就任承諾書は，設立時取締役，設立時監査役選任決議書の記載を援用する。」等と記載してください。

④　ただし，発起人以外から設立時取締役又は設立時監査役を選任した場合には，その者につき，別途就任承諾書を添付することが必要です。

⑤　決議書が複数ページになる場合には，各ページのつづり目に契印してください。契印は，発起人のうち1名の印鑑で構いません。

「設立時代表取締役を選定したことを証する書面」の記載例 ✐

設立時代表取締役選定決議書

　令和○年○月○日東京ＡＢＣ株式会社創立事務所において発起人全員出席し（又は過半数の発起人出席し），その全員の一致の決議により，次のように設立時代表取締役を選任した。なお，被選定者は即時その就任を承

諾した。
　　設立時代表取締役　東京都〇〇区□□〇丁目〇番〇号　甲野一郎
　上記設立時代表取締役の選定を証するため，発起人の全員（又は出席した発起人）は，次のとおり記名押印する。

　　令和〇年〇月〇日
　　　東京ＡＢＣ株式会社
　　　　　　　　　　　東京都〇〇区□□〇丁目〇番〇号
　　　　　　　　　　　　　　発起人　　　甲野一郎　　㊞
　　　　　　　　　　　東京都〇〇区□□〇丁目〇番〇号
　　　　　　　　　　　　　　発起人　　　乙野次郎　　㊞
　　　　　　　　　　　東京都〇〇区□□〇丁目〇番〇号
　　　　　　　　　　　　　　発起人　　　丙野三郎　　㊞

☞①　本書面は，商業登記法47条2項7号に基づく書面です。
　②　定款に「設立時代表取締役の選定」の記載があるときは申請書には，「設立時代表取締役を選定したことを証する書面は，定款の記載を援用する。」と記載すれば足ります。
　③　非取締役会設置会社においては，設立時代表取締役を定める規定がありませんが，原始定款に「設立時代表取締役は，設立時取締役の互選により定める。」などという定めがある場合には，この定めに従って設立時代表取締役を選定すればよいことになります（会社法349条3項参照）。
　　　しかし，このような定めを原始定款に置いていない場合であっても，上記の記載例のように，会社の設立事務全般の決定権限者である発起人の過半数をもって設立時代表取締役を選定することができるものと解されます（Q22参照）。
　④　発起人の中から選定された被選定者が席上で就任を承諾し，その旨の記載及び被選定者の記名押印が決議書にある場合には，申請書に別途就任承諾書を添付することを要しません。この場合，申請書には，「就任承諾書は，設立時代表取締役選任決議書の記載を援用する。」と記載してください。
　　　ただし，発起人以外から設立時代表取締役を選任した場合には，別途就任承諾書を添付することが必要です。

「調査報告書」の記載例（☞1）
（会社法28条各号に規定する変態設立事項がある場合に添付を要する。）

調　査　報　告　書

　令和○年○月○日東京ＡＢＣ株式会社（設立中）の設立時取締役及び設立時監査役に選任されたので，会社法第46条の規定に基づいて調査した。その結果は次のとおりである。

調査事項

1　定款に記載された現物出資財産の価額に関する事項（会社法第33条第10項第1号に該当する事項）

　　定款に定めた，現物出資をする者は発起人甲野一郎であり，出資の目的たる財産，その価額並びにこれに対し割り当てる設立時発行株式の数は下記のとおりである。

記

(1)　○○製普通乗用自動車　車種○○　型式番号○○○○
　　車体番号○○○○　1台
　　　定款に記載された価額　金80万円
　　　これに対し割り当てる設立時発行株式の数　80株（☞2）
(2)　パーソナルコンピュータ（○○株式会社令和○年製，型番○○○○，製造番号○○○○）　1台
　　　定款に記載された価額　金20万円
　　　これに対し割り当てる設立時発行株式の数　20株（☞2）
①　上記(1)については，時価金約100万円と見積もられるべきところ，定款に記載した評価価額は，その約5分の4の金80万円であり，これに対し，割り当てる設立時発行株式の数は80株であることから，当該定款の定めは正当なものと認める。
②　上記(2)につき，時価25万円と見積もられるべきところ，定款に記載した評価価額は，その5分の4の金20万円であり，これに対し，割り当てる設立時発行株式の数は20株であることから，当該定款の定めは正当なものと認める。
2　発起人甲野一郎の引受けに係る100株について，令和○年○月○日現物出資の目的たる財産の給付があったことは，別紙財産引継書により認める。
3　令和○年○月○日までに払込みが完了していることは，設立時代表取締役甲野一郎作成の証明書添付の預金通帳の写しにより認める。

4 上記事項以外の設立に関する手続が法令又は定款に違反していないことを認める。
上記のとおり会社法の規定に従い報告する。

令和○年○月○日
東京ＡＢＣ株式会社
設立時取締役　　甲野一郎　㊞
同　　　　　　　乙野次郎　㊞
設立時監査役　　丁野四郎　㊞

☞1）① 本調査報告書及び後掲の財産引継書は，会社法28条1号，33条10項1号，46条1項及び商業登記法47条2項3号イに基づく書面です。
② 会社法28条各号に規定する変態設立事項を定款に記載した場合に調査報告書及びその付属書類の添付を要します（商業登記法47条2項3号イ）。
③ 報告書が複数ページになる場合には，各ページのつづり目に契印してください。契印は，記名押印した者のうち1名の印鑑で構いません。
☞2）本調査報告書中の(1)及び(2)は，定款に記載された現物出資及び財産引受けに係る財産の総額が500万円以下の場合の記載例です（500万円以下の場合は検査役の検査が不要（会社法33条10項1号）。）。

「財産引継書」の記載例 ☞
（会社法28条各号に規定する変態設立事項がある場合に，調査報告書とともに添付を要する。）

財　産　引　継　書

私所有の下記財産を現物出資として貴社に給付します。

記

1 ○○製普通乗用自動車　車種○○　型式番号○○○○
車体番号○○○○　1台
時価　　　　　　　　　　金100万円
定款に記載された価額　　金80万円
2 パーソナルコンピュータ（○○株式会社令和○年製，型番○○○○，製造番号○○○○）1台

> 時価　　　　　　　　　　金25万円
> 定款に記載された価額　　金20万円
>
>
> 令和○年○月○日
>
>
> 　　　　発起人　東京都○○区□□○丁目○番○号
> 　　　　　　　　　甲野一郎　㊞
>
>
> 東京ＡＢＣ株式会社　御中

ℭ① 　財産引継書は，財産の所有権が個人（発起人）から株式会社に移転したことを証明するものです。したがって，発起人が一人の場合でも，現物出資をしたときは会社宛の財産引継書が必要となります。

　　なお，本財産引継書の財産の表示には，定款及び調査報告書に記載された現物出資に係る財産を記載します。

② 　財産引継書は2通作成し，1通は登記申請書に添付し，他の1通は会社で保管します。

　　なお，自動車，不動産及び株式等を現物出資する場合には，名義変更が必要となります（例えば，自動車の場合は会社への移転登録，不動産の場合は会社への所有権移転登記，株式の場合は会社への名義書換）。これらの名義変更は，会社の設立登記が完了してから行うことになります。

「払込みのあったことを証する書面（払込証明書）」の記載例

> 　　　　　　　　　　証　　明　　書　ℭ1）
>
> 　当会社の設立時発行株式については以下のとおり，全額の払込みがあったことを証明します。
>
> 　　　　　　　設立時発行株式　　　　300株
> 　　　　　　　払込みを受けた金額　　金300万円
>
> 　令和○年○月○日
> 　　　　　東京ＡＢＣ株式会社
> 　　　　　　　設立時代表取締役　　　甲野一郎　㊞　ℭ2）

（注1）　①　本書面は，商業登記法47条2項5号に基づく書面です。

　　　　　②　本書面に，預金通帳の写し（口座名義人が判明する部分を含む。）を合わせてとじ，当該書面に押した印鑑で契印します。

　　　　　　　また，預金通帳の写しに代わるものとして，取引明細票，取引履歴照会票，払込金受取書，インターネットバンキング等の取引状況に関する画面をプリントしたものを添付しても構いません。この場合には，当該書面に，払込先金融機関名，口座名義人名，振込日及び振込金額が記載されている必要があります。

　　　　　③　上記②の書面の写しの入金又は振込に関する部分にマーカー又は下線を付す等して，払い込まれた日，金額が分かるようにしてください。

　　　　　④　口座名義人が発起人でなく設立時代表取締役である場合には，委任状を添付してください。したがって，口座名義人は，発起人のうちの1名にするのがベターです。

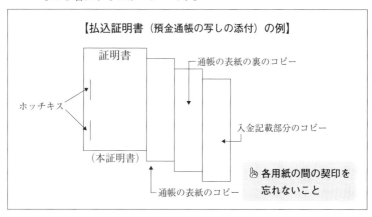

【払込証明書（預金通帳の写しの添付）の例】

証明書

ホッチキス

（本証明書）

通帳の表紙の裏のコピー

入金記載部分のコピー

各用紙の間の契印を忘れないこと

通帳の表紙のコピー

（注2）　当該部分には，代表取締役が登記所に届けるべき印鑑（印鑑届書の印鑑）を押印します。

「資本金の額の計上に関する設立時代表取締役の証明書」の記載例

資本金の額の計上に関する証明書（注1）

①払込みを受けた金額（会社計算規則第43条第1項第1号）

　　　　　　　　　　　　　　　　　　　金200万円

②給付を受けた金銭以外の財産の給付があった日における当該財産の価額

（会社計算規則第43条第1項第2号）（☞2）

金100万円

③　①＋②　　　　　　　　　　　　　　　　　金300万円

　資本金の額300万円は，会社法第445条及び会社計算規則第43条の規定に従ってされたことに相違ないことを証明する。（☞3）

　令和○年○月○日
　　　　　　　東京ＡＢＣ株式会社
　　　　　　　　設立時代表取締役　　甲野一郎　㊞　（☞4）

（☞1）設立に際して出資される財産が金銭のみの場合は，資本金の額の計上に関する証明書の添付は不要です。

（☞2）出資をした者における帳簿価額を計上すべき場合（会社計算規則43条1項2号イ，ロ）には，帳簿価額を記載します。

（☞3）株主となる者が払込み又は給付をした財産の額（③の額）の2分の1を超えない額を資本金として計上しないこととした場合は，その旨を上記証明書に記載するとともに，定款に定めがあるときを除き，その額を決定したことを証する発起人の全員の一致があったことを証する書面の添付が必要です。

（☞4）会社を代表すべき者が設立の登記の際に登記所に届け出る印（印鑑届書の印）を押します。

「設立時取締役，設立時代表取締役及び設立時監査役の就任承諾書」の記載例☞

就 任 承 諾 書

　私は，令和○年○月○日，貴社の設立時取締役及び設立時代表取締役に選任されたので，その就任を承諾します。

　令和○年○月○日
　　　　　　　東京都○○区□□○丁目○番○号
　　　　　　　　　　　　　甲野一郎　㊞

　東京ＡＢＣ株式会社　御中

就 任 承 諾 書

　私は，令和○年○月○日，貴社の設立時取締役に選任されたので，その就任を承諾します。

　　　令和○年○月○日

　　　　　　　　　　　東京都○○区□□○丁目○番○号
　　　　　　　　　　　　　　　乙野次郎　㊞

　　東京ＡＢＣ株式会社　御中

就 任 承 諾 書

　私は，令和○年○月○日，貴社の設立時監査役に選任されたので，その就任を承諾します。

　　　令和○年○月○日

　　　　　　　　　　　東京都○○区□□○丁目○番○号
　　　　　　　　　　　　　　　丁野四郎　㊞

　　東京ＡＢＣ株式会社　御中

☞①　これらの就任承諾書は，商業登記法47条2項10号に基づく書面です。
　②　非取締役会設置会社においては，取締役が各自会社を代表するのが原則である（会社法349条）ことから，その一部の者のみが代表取締役になる場合であっても，各設立時取締役の就任承諾書には，市町村に登録した印鑑を押す必要があります。
　③　設立時取締役については市町村長が作成した印鑑証明書，設立時監査役については住民票記載事項証明書等の本人確認証明書をそれぞれ添付することが必要です。

「委任状」の記載例

委　任　状

東京都○○区□□○丁目○番○号

法　務　三　郎

　　　　私は，上記の者を代理人に定め，次の権限を委任する。

1　令和○年○月○日発起設立の手続終了した当会社設立登記を申請する
　一切の件
1　原本還付の請求及び受領の件（♪1）

　　令和○年○月○日
　　　　　　東京都○○区□□○丁目○番○号
　　　　　　東京ＡＢＣ株式会社
　　　　　　　代表取締役　甲野一郎　㊞　　（♪2）

　（♪1）原本還付を請求する場合に記載します。
　（♪2）代表取締役が登記所に提出する印鑑（印鑑届書の印鑑）を押印してく
　　　ださい。

最も簡易な非取締役会設置会社の設立登記申請書の記載例

　（発起設立，登記すべき事項は別紙又は別添CD-Rで提出，資本金300万円，発起人の
引受株式数及び払込金額並びに設立時取締役2名の名前，設立時代表取締役の名前及
び本店所在地は定款に記載有り。現物出資なし）

株式会社設立登記申請書

　　　　　　　　フリガナ　　　　トウキョウエービーシー
1．商　　　　　号　　東京ＡＢＣ株式会社
1．本　　　　　店　　東京都○○区□□○丁目○番○号
1．登 記 の 事 由　　令和○年○月○日発起設立の手続終了
1．登記すべき事項　　別紙のとおり（又は「別添CD-Rのとおり」）
1．課 税 標 準 金 額　金300万円
1．登 録 免 許 税　　金150,000円
1．添 付 書 類
　　定款　　　　　　　　　　　　　　　　　　　　　　1通

発起人の同意書は，定款の記載を援用する。
設立時取締役選任及び本店所在場所決議書は，定款の記載を援用する。
設立時代表取締役を選定したことを証する書面は，定款の記載を援用する。
設立時取締役及び設立時代表取締役の就任承諾書は，定款の記載を援用する。

印鑑証明書　　　　　　　　　　　　　　　　2通
払込みがあったことを証する書面　　　　　　1通

　上記のとおり登記の申請をします。

　　令和○年○月○日

　　　　　　　　　東京都○○区□□○丁目○番○号（注1）
　　　　　　　　　申請人　　東京ＡＢＣ株式会社　　（注2）

　　　　　　　　　東京都○○区□□○丁目○番○号（注3）
　　　　　　　　　代表取締役　　甲野一郎　　㊞　　（注4）
　　　　　　　　　連絡先の電話番号　03-○○○○-○○○○

　　○○法務局　　○○支局　御中
　　　　　　　　　出張所

（注1）本店の所在地を記載してください。
（注2）商号を記載してください。
（注3）設立時代表取締役の住所を記載してください。なお，設立時代表取締
　　　役を選定していないときは，取締役が各自会社を代表しますので，取締
　　　役の一人の住所・氏名を記載すればよいです。
（注4）登記所に届けるべき代表取締役の印鑑（印鑑届書の印鑑）を押印して
　　　ください。

参考2 **取締役会設置会社の設立登記申請書類のひな形と説明**

（発起設立，非公開会社，株券発行，取締役会・設立時取締役3名，設立時代表取締役設置，監査役設置，会計参与非設置，取締役・監査役の責任免除規定の設置，現物出資有り）

株式会社設立登記申請書

　　　　　フリガナ　　　　　　トウキョウエービーシー
1．商　　　　　号　　東京ＡＢＣ株式会社

> 🐾 　商号のフリガナは，会社の種類を表す部分（株式会社）を除いて，片仮名で，左に詰めて記載してください。間に空白がある場合には，空白を削除した文字をフリガナとして登録します。このフリガナは，国税庁法人番号公表サイトを通じて公表されます。なお，登記事項証明書には，フリガナは表示されません。

1．本　　　　　店　　東京都○○区□□○丁目○番○号
1．登 記 の 事 由　　令和○年○月○日発起設立の手続終了

> 🐾 　設立登記以外の手続を終了した日を記載してください。

1．登記すべき事項　　別紙のとおり（又は「別添FD，CD-ROM又はCD-Rのとおり」，あるいは，「別紙のとおりの内容をオンラインにより提出済み」）

> 🐾 　法務局では，現在では「登記すべき事項」の記載用のＯＣＲ用紙の配布を取りやめています。
> 　　現在，登記すべき事項の提出方法としては，主に，①「登記・供託オンライン申請システムによる提出」，②「磁気ディスク（FD，CD-ROM又はCD-R）による提出」，③「用紙（ペーパー）による提出」（「登記すべき事項」を，申請書に直接記載するか，又は任意の用紙（通常Ａ４判）に記載し，申請書に合てつして申請書と契印（割り印）をする方法）があります。
> 　　通常，代理人を用いずに，自分で設立申請をする場合には，③「用紙（ペーパー）による提出」をする方法（特にＡ４判の紙にパソコンで入力する方法）でよいと思われます。

1．課 税 標 準 金 額　　金300万円

> 🐾 　資本金の額を記載してください。

1．登 録 免 許 税　　金150,000円

👆　登録免許税は，資本金の額の1,000分の7の額です。ただし，この額15万円に満たない場合は，15万円になります。また，100円未満の端数があるときは，その端数金額は切り捨てます。収入印紙又は領収証書で納付します（後記収入印紙貼付台紙へ貼付）。

1. 添 付 書 類
定　款　　　　　　　　　　　　　　　　　　　　　　　　　1通

👆　公証人の認証を得たものであることを要します。

発起人の同意書　　　　　　　　　　　　　　　　　　　　○通

👆　発起人の同意書は，定款に「設立に際して発起人が割当てを受けるべき株式の数及び払い込むべき金額，株式発行事項又は発行可能株式総数の内容」及び「資本金及び資本準備金の額」が記載されている場合には不要です。この場合は，「発起人の同意書は，定款の記載を援用する。」と記載すれば足ります。

設立時取締役，設立時監査役選任及び本店所在場所決議書　　1通

👆　定款に「設立時取締役，設立時監査役選任及び本店所在場所（住居表示上の地番まで特定）」の記載があるときは，当該決議書は不要です。この場合は，「設立時取締役選任，設立時監査役及び本店所在場所決議書は，定款の記載を援用する。」と記載すれば足ります。
　なお，例えば，「設立時取締役及び設立時監査役の選任」のみが定款に記載されているときは，「本店所在場所決議書　1通」とした上で，「設立時取締役及び設立時監査役選任決議書は，定款の記載を援用する。」と記載すれば足ります。

設立時代表取締役を選定したことを証する書面　　　　　　1通

👆　定款に「設立時代表取締役の選定」の記載があるときは，当該書面は不要です。この場合は，「設立時代表取締役を選定したことを証する書面は，定款の記載を援用する。」と記載すれば足ります。

設立時取締役，設立時代表取締役及び設立時監査役の就任承諾書　○通

👆　定款に「設立時取締役，設立時代表取締役及び設立時監査役の就任」の記載があり，かつこれらの者が発起人であるときは，当該就任承諾書は不要です。この場合は，「設立時取締役，設立時代表取締役及び設立時監査役の就任承諾書は，定款の記載を援用する。」と記載すれば足ります。

印鑑証明書　　　　　　　　　　　　　　　　　　　　　　　　　1通

  🖐　設立時代表取締役が就任承諾書に押した印鑑につき発行後3か月以内の市町村長が作成した印鑑証明書を添付します。なお，代表取締役の印鑑について「印鑑届書」をあらかじめ（この申請と同時に）提出する必要があります（用紙は法務局でもらえる（無料）。また，法務局ホームページ「商業・法人登記の申請書様式」からダウンロードすることも可能）。

本人確認証明書　　　　　　　　　　　　　　　　　　　　　　　○通

  🖐　設立時取締役，設立時監査役（印鑑証明書を添付しない役員）について，住民票記載事項証明書，運転免許証のコピー（裏面もコピーし，本人が原本と相違ない旨を記載して，署名又は記名押印したもの。2枚以上の場合には，合わせてとじて当該書面に押した印鑑で契印する。）等の本人確認証明書を添付することを要します（詳細は，法務省ウェブサイト「1　役員の登記（取締役・監査役の就任，代表取締役の辞任）添付書面の改正について」〈http://www.moj.go.jp/MINJI/minji06_00085.html〉参照）。

設立時取締役及び設立時監査役の調査報告書及びその附属書類　　1通

  🖐　この調査報告書及び附属書類は，現物出資に関する事項（会社法28条各号）についての定めが定款に記載されている場合にのみ必要となります。したがって，この定めがないときは，この書類は不要です。

  なお，設立時取締役及び設立時監査役は，現物出資の給付の有無をも調査することになっていることから，その有無を財産引継書等により確認することがあり，これがその附属書類となります。

払込みがあったことを証する書面　　　　　　　　　　　　　　　1通

  🖐　具体的な書面として，「払込金受入証明書」又は「設立時代表取締役が作成した設立に際して出資される金銭の全額の払込みを受けたことを証明する旨を記載した書面」に預金通帳の写しや取引明細票を合わせてとじたもの等が該当します。通常，預金通帳の写しの合てつでよいと思われます。

資本金の額の計上に関する設立時代表取締役の証明書　　　　　　1通
委任状　　　　　　　　　　　　　　　　　　　　　　　　　　　1通

  🖐　委任状は，代理人に申請を委任した場合のみ必要です。

契
印

【それ以外の添付書類の例】

・株主名簿管理人との契約を証する書面

> 🐾　株主名簿管理人を置いた場合に必要になります。この場合には，併せて，株主名簿管理人を選定した発起人の過半数の一致のあったことを証する書面も必要です。

・検査役の調査報告書及びその附属書類

> 🐾　現物出資した場合に必要です（必要ない場合もある。）。

・弁護士等の証明書及びその附属書類

> 🐾　現物出資した場合に必要です。

・不動産を現物出資した場合には，不動産鑑定士の鑑定評価を記載した書面の添付も必要です。

・有価証券の市場価格を証する書面

> 🐾　市場価格のある有価証券を現物出資した場合に必要です。

・検査役の報告に関する裁判の謄本

> 🐾　検査役の報告に関する裁判があった場合に必要です。

上記のとおり登記の申請をします。

令和○年○月○日

　　　　　　東京都○○区□□○丁目○番○号　〈31）
　　　　　　申請人　　東京ＡＢＣ株式会社　　〈32）
　　　　　　東京都○○区□□○丁目○番○号　〈33）
　　　　　　代表取締役　　　甲野一郎　　㊞　〈34）
　　　　　　東京都○○区□□○丁目○番○号　〈35）
　　　　　　上記代理人　　　法務三郎　　㊞　〈36）
　　　　　　連絡先の電話番号　03-○○○○-○○○○　〈37）

○○法務局　　○○支局　御中
　　　　　　出張所

  1）本店の所在地を記載してください。
  2）商号を記載してください。
  3）設立時代表取締役の住所を記載してください。
  4）登記所に届けるべき代表取締役の印鑑（印鑑届書の印鑑）を押印して
    ください。
  5）6）代理人が申請する場合にのみ記載し，代理人の住所を記載し，代
    理人の印鑑を押印してください。この場合，設立時代表取締役の押印は
    不要です。
  7）登記所から補正（訂正）箇所がある場合，登記所から連絡があるので
    それに備えて，連絡先の電話番号を記載してください。

収入印紙貼付台紙

   割印をしないで貼ってください。また，収入印紙の消印作業の都合上，右側に寄せて貼り付けてください。

  ①　登記申請書（収入印紙貼付台紙を含む。）は，各ページに契印してく
    ださい。
  ②　契印には，登記申請書に押印した印鑑と同一の印鑑を使用してく
    ださい。

「登記すべき事項」の記載例　1）
（オンラインにより提供する場合，FD等に記録して提出する場合，用紙で提出する場
合も，記載方法は同じ）

「商号」東京ＡＢＣ株式会社
「本店」東京都○○区□□○丁目○番○号

「公告をする方法」官報に掲載してする。(☞2)

「目的」(☞3)

1　家庭電化用品の製造及び販売

2　家具，什器類の製造及び販売

3　光学機械の販売

4　前各号に附帯又は関連する一切の事業

「発行可能株式総数」1,000株

「発行済株式の総数」300株

「資本金の額」金300万円

「株式の譲渡制限に関する規定」(☞4)

当会社の株式を譲渡するには，取締役会の承認を受けなければならない。

ただし，当会社の株主に譲渡する場合は承認したものとみなす。

「株券を発行する旨の定め」(☞5)

当会社は株券を発行する。

「役員に関する事項」

「資格」取締役

「氏名」甲野一郎

「役員に関する事項」

「資格」取締役

「氏名」乙野次郎

「役員に関する事項」

「資格」取締役

「氏名」丙野三郎

「役員に関する事項」

「資格」代表取締役

「住所」東京都○○区□□○丁目○番○号

「氏名」甲野一郎

「役員に関する事項」

「資格」監査役

「氏名」丁野四郎

「取締役会設置会社に関する事項」

取締役会設置会社

「監査役設置会社に関する事項」

監査役設置会社

「取締役等の会社に対する責任の免除に関する規定」（注6）

当会社は，会社法第426条第1項の規定により，取締役会の決議をもって，同法第423条第1項の取締役（取締役であった者を含む。）の責任を法令の限度内において免除することができる。

当会社は，会社法第426条第1項の規定により，取締役会の決議をもって，同法第423条第1項の監査役（監査役であった者を含む。）の責任を法令の限度内において免除することができる。

「登記記録に関する事項」設立

注1）①　登記すべき事項をオンラインによりあらかじめ提出する場合には，登記すべき事項の提出の際に作成した情報を利用して，申請書を簡単に作成することもできますし，手続の状況をオンラインで確認することもできます（詳細は，法務省ウェブサイト「登記・供託オンライン申請システムによる登記事項の提出について」〈http://www.moj.go.jp/MINJI/minji06_00051.html〉参照）。

②　登記事項を記録したCD-Rを提出する場合には，登記すべき事項は，「メモ帳」機能等を利用してテキスト形式で記録し，ファイル名は「（任意の名称）.txt」としてください（詳細は，法務省ウェブサイト「商業・法人登記申請における登記すべき事項を記録した電磁的記録媒体の提出について」〈http://www.moj.go.jp/MINJI/MINJI50/minji50.html〉参照）。

③　用紙（ペーパー）による提出の場合は，「登記すべき事項」を，申請書に直接記載するか，又は任意の用紙（通常A4判）に記載し，申請書に合てつして申請書と契印（割り印）してください。

注2）「電子公告の方法により行う。」とする場合は，公告ホームページ（ウェブサイト）のアドレスも記載する必要があります（会社法911条3項28号イ，会社法施行規則220条）。アドレスの記載例は以下のとおりです。
http://www.dai-ichi-denki.co.jp/koukoku/index.html

注3）4）6）「目的」，「株式の譲渡制限に関する規定」，「取締役等の会社に対する責任の免除に関する規定」は，定款記載のまま記載します。

注5）会社法では株券不発行が原則です（会社法214条）ので，株券発行の定めが登記事項となります。

「設立時発行株式に関する発起人の同意書」の記載例（☞1）

同　意　書

　本日発起人全員の同意をもって，会社が設立の際に発行する株式に関する事項を次のように定める。

1　発起人甲野一郎が割当てを受けるべき株式の数及び払い込むべき金額
　　東京ＡＢＣ株式会社　普通株式　　100株
　　株式と引換えに払い込む金額　　金100万円（☞2）
　　　なお，払い込むべき金額全額については，その代替として，発起人甲野一郎の所有に係る○○製普通乗用自動車1台（車種○○，型式番号○○○○，車体番号○○○○）及びパーソナルコンピュータ1台（○○株式会社令和○年製，型番○○○○，製造番号○○○○）とする。

1　発起人乙野次郎が割当てを受けるべき株式の数及び払い込むべき金額
　　東京ＡＢＣ株式会社　普通株式　　100株
　　株式と引換えに払い込む金額　　金100万円

1　発起人丙野三郎が割当てを受けるべき株式の数及び払い込むべき金額
　　東京ＡＢＣ株式会社　普通株式　　50株
　　株式と引換えに払い込む金額　　金50万円

1　発起人株式会社神田ＸＹＺが割当てを受けるべき株式の数及び払い込むべき金額
　　東京ＡＢＣ株式会社　普通株式　　50株
　　株式と引換えに払い込む金額　　金50万円
　　上記事項を証するため，発起人全員記名押印（又は署名）する。

　　令和○年○月○日
　　　東京ＡＢＣ株式会社
　　　　　　　　　　東京都○○区□□○丁目○番○号
　　　　　　　　　　　発起人　　　甲野一郎　㊞
　　　　　　　　　　東京都○○区□□○丁目○番○号
　　　　　　　　　　　発起人　　　乙野次郎　㊞
　　　　　　　　　　東京都○○区□□○丁目○番○号
　　　　　　　　　　　発起人　　　丙野三郎　㊞
　　　　　　　　　　東京都○○区□□○丁目○番○号
　　　　　　　　　　　発起人　株式会社神田ＸＹＺ
　　　　　　　　　　　代表取締役　春野六郎　㊞

☻1） ① 本同意書は，会社法32条1項1号・2号及び商業登記法47条3項に基づく書面です。

② 発起人の引受株式数及びその払い込むべき金額の記載が定款にあるときは，本同意書を申請書に添付する必要はありません。この場合，申請書には，「発起人の同意書は，定款の記載を援用する。」と記載すれば足ります。

☻2） ① 全額金銭出資の場合には，「株式と引換えに払い込む金額　金100万円」と記載すればよく，なお書きは不要となります。

② 一部金銭出資の場合には，「株式と引換えに払い込む金額　金100万円。なお，払い込むべき金額のうち90万円については，発起人甲野一郎の所有に係る○○製普通乗用自動車1台（車種○○，型式番号○○○○，車体番号○○○○）及びパーソナルコンピュータ1台（○○株式会社令和○年製，型番○○○○，製造番号○○○○）とする。」と記載することになります。

「資本金及び資本準備金を発起人全員の同意により定めた場合の同意書」の記載例 ☻

同　意　書

　本日発起人全員の同意をもって，資本金の額を次のように定める。

1　資本金の額　　　金300万円

1　資本準備金の額　金　0円

　上記事項を証するため，発起人全員記名押印（又は署名）する。

　　令和○年○月○日
　　東京ＡＢＣ株式会社
　　　　　　　　　　　　東京都○○区□□○丁目○番○号
　　　　　　　　　　　　　　発起人　　　甲野一郎　㊞
　　　　　　　　　　　　東京都○○区□□○丁目○番○号
　　　　　　　　　　　　　　発起人　　　乙野次郎　㊞
　　　　　　　　　　　　東京都○○区□□○丁目○番○号
　　　　　　　　　　　　　　発起人　　　丙野三郎　㊞
　　　　　　　　　　　　東京都○○区□□○丁目○番○号
　　　　　　　　　　　　　　発起人　　　株式会社神田ＸＹＺ
　　　　　　　　　　　　　　代表取締役　春野六郎　㊞

☞　本同意書は，会社法32条１項３号及び商業登記法47条３項に基づく書面
であり，前掲「設立時発行株式に関する発起人の同意書」と一緒に記載し
ても構いません。

なお，資本金及び資本準備金について定款に定めがあるときは，申請書
には，「発起人の同意書は，定款の記載を援用する。」と記載すれば足りま
す。

「設立時取締役，設立時監査役選任及び本店所在場所決議書」の記載例 ☞

設立時取締役，設立時監査役選任及び本店所在場所決議書

　令和○年○月○日東京ＡＢＣ株式会社創立事務所において発起人全員出
席し（又は議決権の過半数を有する発起人出席し），その全員の一致の決
議により，次のとおり，設立時取締役及び設立時監査役を選任し，かつ，
本店所在場所を決定した。

　　設立時取締役　東京都○○区□□○丁目○番○号　　甲野一郎
　　同　　　　　　東京都○○区□□○丁目○番○号　　乙野次郎
　　同　　　　　　東京都○○区□□○丁目○番○号　　丙野三郎
　　設立時監査役　東京都○○区□□○丁目○番○号　　丁野四郎
　　本　　　店　　東京都○○区□□○丁目○番○号

　上記決定事項を証するため，発起人の全員（又は出席した発起人）は，
次のとおり記名押印（又は署名）する。

　　令和○年○月○日
　　東京ＡＢＣ株式会社
　　　　　　　　　　　東京都○○区□□○丁目○番○号
　　　　　　　　　　　　　発起人　　　甲野一郎　　㊞
　　　　　　　　　　　東京都○○区□□○丁目○番○号
　　　　　　　　　　　　　発起人　　　乙野次郎　　㊞
　　　　　　　　　　　東京都○○区□□○丁目○番○号
　　　　　　　　　　　　　発起人　　　丙野三郎　　㊞
　　　　　　　　　　　東京都○○区□□○丁目○番○号
　　　　　　　　　　　　　発起人　　株式会社神田ＸＹＺ
　　　　　　　　　　　　　代表取締役　春野六郎　　㊞

☞①　本決議書は，会社法38条１項・３項（発起設立関係）及び911条３項３
号に基づく書面です。なお，設立時役員等の選任等は，発起人の議決権

（発起人が出資の履行をした設立時発行株式1株につき1個の議決権を有する。）の過半数をもって決定します（会社法40条1項・2項）。

② 定款に「設立時取締役，設立時監査役選任及び本店所在場所（住居表示上の地番まで特定）」の記載があるときは，当該決議書は不要です。この場合は，「設立時取締役，設立時監査役選任及び本店所在場所決議書は，定款の記載を援用する。」と記載してください。

③ 発起人の中から選任された被選任者が席上で就任を承諾し，その旨の記載，当該被選任者住所の記載及び被選任者の記名押印が決議書にある場合には，申請書に別途就任承諾書を添付することを要しません。就任承諾書の添付を省略する場合においても，取締役会設置会社においては，設立時取締役及び設立時監査役につき，住民票記載事項証明書等の本人確認証明書をそれぞれ添付することが必要です（市町村長が作成した印鑑証明書を添付する役員については，当該印鑑証明書の添付で足りる。）。

なお，この場合，申請書には，「就任承諾書は，設立時取締役，設立時監査役選任決議書の記載を援用する。」と記載してください。

④ ただし，発起人以外から設立時取締役及び設立時監査役を選任した場合には，その者につき，別途就任承諾書を添付することが必要です。

⑤ 決議書が複数ページになる場合には，各ページのつづり目に契印してください。契印は，発起人のうち1名の印鑑で構いません。

「設立時代表取締役を選定したことを証する書面」の記載例 ♂

設立時代表取締役選定決議書

令和○年○月○日東京ＡＢＣ株式会社創立事務所において設立時取締役全員出席し（又は過半数の設立時取締役出席し），その全員の一致の決議により，次のとおり，設立時代表取締役を選任した。なお，被選定者は即時その就任を承諾した。

　　設立時代表取締役　東京都○○区□□○丁目○番○号　甲野一郎
　上記設立時代表取締役の選定を証するため，設立時取締役の全員（又は出席した設立時取締役）は，次のとおり記名押印する。

令和○年○月○日
　東京ＡＢＣ株式会社
　　　　　　　　　　　出席設立時取締役　　　甲野一郎　㊞

　　　　　　　　　　　出席設立時取締役　　　乙野次郎　㊞

　　　　　　　　　　　出席設立時取締役　　　内野三郎　㊞

☞①　本書面は，会社法47条1項・3項（発起設立関係）及び商業登記法47条2項7号に基づく書面です。

②　定款に「設立時代表取締役の選定」の記載があるときは，申請書には，「設立時代表取締役を選定したことを証する書面は，定款の記載を援用する。」と記載すれば足ります。

なお，定款に上記記載がないときは，取締役会設置会社（指名委員会等設置会社を除く。）では，上記記載例のように設立時取締役の中から，設立時取締役の過半数をもって設立時代表取締役を選定することになります（会社法47条1項・3項）。

③　設立時代表取締役が席上で就任を承諾し，その旨の記載が決議書にある場合には，申請書に別途就任承諾書を添付することを要しません。ただし，設立時代表取締役が，本決議書に，市町村長の作成した印鑑証明書と同一の印鑑を押した場合に限ります。この場合，申請書には，「就任承諾書は，設立時代表取締役選定決議書の記載を援用する。」と記載してください。

なお，就任承諾書の添付を省略する場合においても，取締役会設置会社においては，設立時代表取締役につき，市町村長が作成した印鑑証明書の添付が必要です。

「調査報告書」の記載例 ☞1）
（会社法第28条各号に規定する変態設立事項がある場合に添付を要する。）

調　査　報　告　書

令和○年○月○日東京ＡＢＣ株式会社（設立中）の設立時取締役及び設立時監査役に選任されたので，会社法第46条の規定に基づいて調査した。その結果は次のとおりである。

調査事項

1　定款に記載された現物出資財産の価額に関する事項（会社法第33条第10項第1号に該当する事項）

定款に定めた，現物出資をする者は発起人甲野一郎であり，出資の目的たる財産，その価額並びにこれに対し割り当てる設立時発行株式の数は下記のとおりである。

記

⑴　○○製普通乗用自動車　車種○○　型式番号○○○○
車体番号○○○○　1台
定款に記載された価額　金80万円
これに対し割り当てる設立時発行株式の数　80株（☞2）

(2) パーソナルコンピュータ（○○株式会社令和○年製，型番○○○○，製造番号○○○○）1台
　　定款に記載された価額　金20万円
　　これに対し割り当てる設立時発行株式の数　20株（注2）

① 上記(1)については，時価金約100万円と見積もられるべきところ，定款に記載した評価価額は，その約5分の4の金80万円であり，これに対し，割り当てる設立時発行株式の数は80株であることから，当該定款の定めは正当なものと認める。

② 上記(2)につき，時価25万円と見積もられるべきところ，定款に記載した評価価額は，その5分の4の金20万円であり，これに対し，割り当てる設立時発行株式の数は20株であることから，当該定款の定めは正当なものと認める。

2 発起人甲野一郎の引受けに係る100株について，令和○年○月○日現物出資の目的たる財産の給付があったことは，別紙財産引継書により認める。

3 令和○年○月○日までに払込みが完了していることは，設立時代表取締役甲野一郎作成の証明書添付の預金通帳の写しにより認める。

4 上記事項以外の設立に関する手続が法令又は定款に違反していないことを認める。
　上記のとおり会社法の規定に従い報告する。

　　令和○年○月○日
　　東京ＡＢＣ株式会社
　　　　　　　　　設立時取締役　　甲野一郎　㊞

　　　　　　　　　同　　　　　　　乙野次郎　㊞

　　　　　　　　　同　　　　　　　丙野三郎　㊞

　　　　　　　　　設立時監査役　　丁野四郎　㊞

（注1） ① 本調査報告書及び後掲の財産引継書は，会社法28条1号，33条10項1号，46条1項及び商業登記法47条2項3号イに基づく書面です。

② 会社法28条各号に規定する変態設立事項を定款に記載した場合に調査報告書及びその付属書類の添付を要します（商業登記法47条2項3号イ）。

③ 報告書が複数ページになる場合には，各ページのつづり目に契印してください。契印は，記名押印した者のうち1名の印鑑で構いません。

（注2）　本調査報告書中の(1)及び(2)は，定款に記載された現物出資及び財産引受けに係る財産の総額が500万円以下の場合の記載例です（500万円以下の場合は検査役の検査が不要（会社法33条10項1号）。）。

「財産引継書」の記載例

（会社法第28条各号に規定する変態設立事項がある場合に，調査報告書とともに添付を要する。）

財　産　引　継　書

私所有の下記財産を現物出資として貴社に給付します。

記

1　○○製普通乗用自動車　車種○○　型式番号○○○○
　　車体番号○○○○　　1台
　　時価　　　　　　　　金100万円
　　定款に記載された価額　金80万円
2　パーソナルコンピュータ（○○株式会社令和○年製，型番○○○○，製造番号○○○○）1台
　　時価　　　　　　　　金25万円
　　定款に記載された価額　金20万円

令和○年○月○日

発起人　東京都○○区□□○丁目○番○号
甲野一郎　印

東京ＡＢＣ株式会社　御中

（注①　財産引継書は，財産の所有権が個人（発起人）から株式会社に移転したことを証明するものです。したがって，発起人が一人の場合でも，現物出資をしたときは会社宛の財産引継書が必要となります。
　　なお，本財産引継書の財産の表示には，定款及び調査報告書に記載された現物出資に係る財産を記載します。
　②　財産引継書は2通作成し，1通は登記申請書に添付し，他の1通は会社で保管します。
　　なお，自動車，不動産及び株式等を現物出資する場合には，名義変更が必要となります（例えば，自動車の場合は会社への移転登録，不動産の場

　　合は会社への所有権移転登記，株式の場合は会社への名義書換）。これらの
　　名義変更は，会社の設立登記が完了してから行うことになります。

「払込みのあったことを証する書面 (払込証明書)」の記載例

証　明　書 (＊1)

　当会社の設立時発行株式については以下のとおり，全額の払込みがあっ
たことを証明します。

　　　　　　　　設立時発行株式　　　300株
　　　　　　　　払込みを受けた金額　金300万円

　令和○年○月○日
　　　　　東京ＡＢＣ株式会社
　　　　　　　設立時代表取締役　　　甲野一郎　㊞ (＊2)

(＊1)　①　本書面は，商業登記法47条2項5号に基づく書面です。
　　　　②　本書面に，預金通帳の写し（口座名義人が判明する部分を含む。）
　　　　　を合わせてとじて，当該書面に押した印鑑で契印します。
　　　　　　また，預金通帳の写しに代わるものとして，取引明細票，取引履
　　　　　歴照会票，払込金受取書，インターネットバンキング等の取引状況
　　　　　に関する画面をプリントしたものを添付しても構いません。この場
　　　　　合には，当該書面に，払込先金融機関名，口座名義人名，振込日及
　　　　　び振込金額が記載されている必要があります。
　　　　③　上記②の書面の写しの入金又は振込に関する部分にマーカー又は
　　　　　下線を付す等して，払い込まれた日，金額が分かるようにしてくだ
　　　　　さい。なお，払込証明書のつづり（預金通帳の写しの添付）の例につ
　　　　　いては，非取締役会設置会社の項を参照してください。
　　　　④　口座名義人が発起人でなく設立時代表取締役である場合には，委
　　　　　任状を添付してください。したがって，口座名義人は，発起人のう
　　　　　ち1名にするのがベターです。
(＊2)　当該部分には，代表取締役が登記所に届けるべき印鑑（印鑑届書の印
　　　鑑）を押印します。

「資本金の額の計上に関する設立時代表取締役の証明書」の記載例

資本金の額の計上に関する証明書（⚑1）

①払込みを受けた金額（会社計算規則第43条第1項第1号）

金200万円

②給付を受けた金銭以外の財産の給付があった日における当該財産の価額
（会社計算規則第43条第1項第2号）（⚑2）

金100万円

③　①＋②　　　　　　　　　　　　　　　　　金300万円

　資本金の額300万円は，会社法第445条及び会社計算規則第43条の規定に従ってされたことに相違ないことを証明する。（⚑3）

　令和○年○月○日
　　　　　東京ABC株式会社
　　　　　　　設立時代表取締役　　　甲野一郎　㊞（⚑4）

⚑1）設立に際して出資される財産が金銭のみの場合は，資本金の額の計上に関する証明書の添付は不要です。

⚑2）出資をした者における帳簿価額を計上すべき場合（会社計算規則43条1項2号イ，ロ）には，帳簿価額を記載します。

⚑3）株主となる者が払込み又は給付をした財産の額（③の額）の2分の1を超えない額を資本金として計上しないこととした場合は，その旨を上記証明書に記載するとともに，定款に定めがあるときを除き，その額を決定したことを証する発起人の全員の一致があったことを証する書面の添付が必要です。

⚑4）会社を代表すべき者が設立の登記の際に登記所に届け出る印（印鑑届書の印）を押します。

「設立時取締役，設立時代表取締役及び設立時監査役の就任承諾書」の記載例⚑

就 任 承 諾 書

　私は，令和○年○月○日，貴社の設立時取締役及び設立時代表取締役に選任されたので，その就任を承諾します。

　　令和○年○月○日

　　　　　　　　　　　東京都○○区□□○丁目○番○号

　　　　　　　　　　　　　　　　甲野一郎　㊞

　　東京ＡＢＣ株式会社　御中

就 任 承 諾 書

　私は，令和○年○月○日，貴社の設立時取締役に選任されたので，その就任を承諾します。

　　令和○年○月○日

　　　　　　　　　　　東京都○○区□□○丁目○番○号

　　　　　　　　　　　　　　　　乙野次郎　㊞

　　東京ＡＢＣ株式会社　御中

就 任 承 諾 書

　私は，令和○年○月○日，貴社の設立時取締役に選任されたので，その就任を承諾します。

　　令和○年○月○日

　　　　　　　　　　　東京都○○区□□○丁目○番○号

　　　　　　　　　　　　　　　　丙野三郎　㊞

　　東京ＡＢＣ株式会社　御中

就 任 承 諾 書

　私は，令和○年○月○日，貴社の設立時監査役に選任されたので，その就任を承諾します。

　　令和○年○月○日

東京都○○区□□○丁目○番○号
　　　　　　　丁野四郎　㊞

　東京ＡＢＣ株式会社　御中

☞①　これらの就任承諾書は，商業登記法47条２項10号に基づく書面です。
　②　取締役会設置会社の場合，設立時取締役及び設立時監査役の就任承諾
　　書に押す印鑑は，認印でもよいですが，設立時代表取締役の就任承諾書
　　には，市町村に登録した印鑑を押す必要があります。
　③　設立時代表取締役については市町村長が作成した印鑑証明書，設立時
　　取締役及び設立時監査役については住民票記載事項証明書等の本人確認
　　証明書をそれぞれ添付することが必要です。

「委任状」の記載例

委　任　状

東京都○○区□□○丁目○番○号
法　務　三　郎

　私は，上記の者を代理人に定め，次の権限を委任する。

1　令和○年○月○日発起設立の手続終了した当会社設立登記を申請する
　一切の件
1　原本還付の請求及び受領の件（☞1）

　令和○年○月○日
　　　　　東京都○○区□□○丁目○番○号
　　　　　東京ＡＢＣ株式会社
　　　　　　代表取締役　　甲野一郎　㊞　（☞2）

☞1）原本還付を請求する場合に記載します。
☞2）代表取締役が登記所に提出する印鑑（印鑑届書の印鑑）を押印してく
　　ださい。

参考3　取締役会設置会社の設立登記申請書類のひな形と説明

（募集設立，非公開会社，株券不発行，取締役会・設立時取締役3名，設立時代表取締役設置，監査役設置，会計参与非設置，現物出資有り）

株式会社設立登記申請書

　　　　フリガナ　　　　　トウキョウエービーシー
1．商　　　　　号　　東京ＡＢＣ株式会社

> 🖎　商号のフリガナは，会社の種類を表す部分（株式会社）を除いて，片仮名で，左に詰めて記載してください。間に空白がある場合には，空白を削除した文字をフリガナとして登録します。このフリガナは，国税庁法人番号公表サイトを通じて公表されます。なお，登記事項証明書には，フリガナは表示されません。

1．本　　　　　店　　東京都○○区□□○丁目○番○号
1．登 記 の 事 由　　令和○年○月○日募集設立の手続終了

> 🖎　創立総会の終了の日等を記載してください（会社法911条2項参照）。

1．登記すべき事項　　別紙のとおり（又は「別添FD，CD-ROM又はCD-Rのとおり」，あるいは，「別紙のとおりの内容をオンラインにより提出済み」）

> 🖎　法務局では，現在では「登記すべき事項」の記載用のＯＣＲ用紙の配布を取りやめています。
> 　　現在，登記すべき事項の提出方法としては，主に，①「登記・供託オンライン申請システムによる提出」，②「磁気ディスク（FD，CD-ROM又はCD-R）による提出」，③「用紙（ペーパー）による提出」（「登記すべき事項」を，申請書に直接記載するか，又は任意の用紙（通常Ａ4判）に記載し，申請書に合てつして申請書と契印（割り印）をする方法）があります。
> 　　通常，代理人を用いずに，自分で設立申請をする場合には，③「用紙（ペーパー）による提出」をする方法（特にＡ4判の紙にパソコンで入力する方法）でよいと思われます。

1．課 税 標 準 金 額　　金300万円

> 🖎　資本金の額を記載してください。

1．登 録 免 許 税　　金150,000円

> 🖎　登録免許税は，資本金の額の1,000分の7の額です。ただし，この額15

万円に満たない場合は，15万円になります。また，100円未満の端数があるときは，その端数金額は切り捨てます。収入印紙又は領収証書で納付します（後記収入印紙貼付台紙へ貼付）。

1．添 付 書 類

定 款　　　　　　　　　　　　　　　　　　　　　　　　　　　1 通

🖐　公証人の認証を得たものであることを要します。

発起人の同意書　　　　　　　　　　　　　　　　　　　　　　○通

🖐　発起人の同意書は，定款に「設立に際して発起人が割当てを受けるべき株式の数及び払い込むべき金額，株式発行事項又は発行可能株式総数の内容」及び「資本金及び資本準備金の額」が記載されている場合には不要です。この場合は，「発起人の同意書は，定款の記載を援用する。」と記載すれば足ります。

株式申込書　　　　　　　　　　　　　　　　　　　　　　　　○通

🖐　銀行又は信託会社等の株式申込取扱証証明書を添付することでも構いません。

払込金保管証明書　　　　　　　　　　　　　　　　　　　　　1 通

🖐　銀行等の払込みを取り扱う機関が作成したものです。

創立総会議事録　　　　　　　　　　　　　　　　　　　　　　1 通

🖐　創立総会決議があったものとみなされる場合（会社法82条，86条）には，当該場合に該当することを証する書面を添付することを要しますが（商業登記法47条4項），この場合にも，創立総会議事録を作成するとされる（会社法施行規則16条4項1号）ため，当該議事録をもって当該場合に該当することを証する書面としても構いません。

設立時代表取締役を選定したことを証する書面　　　　　　　　1 通

🖐　定款に「設立時代表取締役の選定」の記載があるときは，「設立時代表取締役を選定したことを証する書面は，定款の記載を援用する。」と記載すれば足ります。

設立時取締役，設立時代表取締役及び設立時監査役の就任承諾書　○通

🖐　定款に「設立時取締役，設立時代表取締役及び設立時監査役の就任」の記載があり，かつこれらの者が発起人であるときは，「設立時取締役，設

立時代表取締役及び設立時監査役の就任承諾書は，定款の記載を援用する。」と記載すれば足ります。

印鑑証明書　　　　　　　　　　　　　　　　　　　　　　　　　　　○通

🐾　設立時代表取締役が就任承諾書に押した印鑑につき発行後3か月以内の市町村長が作成した印鑑証明書を添付します。なお，代表取締役の印鑑について「印鑑届書」をあらかじめ（この申請と同時に）提出する必要があります（用紙は法務局でもらえる（無料）。また，法務局ホームページ「商業・法人登記の申請書様式」からダウンロードすることも可能）。

本人確認証明書　　　　　　　　　　　　　　　　　　　　　　　　　○通

🐾　設立時取締役，設立時監査役（印鑑証明書を添付しない役員）について，住民票記載事項証明書，運転免許証のコピー（裏面もコピーし，本人が原本と相違ない旨を記載して，署名又は記名押印したもの。2枚以上の場合には，合わせてとじて当該書面に押した印鑑で契印する。）等の本人確認証明書を添付することを要します（詳細は，法務省ウェブサイト「1　役員の登記（取締役・監査役の就任，代表取締役の辞任）添付書面の改正について」〈http://www.moj.go.jp/MINJI/minji06_00085.html〉参照）。

設立時取締役及び設立時監査役の調査報告書及びその附属書類　　1通

🐾　この調査報告書及び附属書類は，現物出資に関する事項（会社法28条各号）についての定めが定款に記載されている場合にのみ必要となります。したがって，この定めがないときは，この書類は不要です。
　　なお，設立時取締役及び設立時監査役は，現物出資の給付の有無をも調査することになっていることから，その有無を財産引継書等により確認することがあり，これがその附属書類となります。

本店及び支店所在場所決議書　　　　　　　　　　　　　　　　　　1通

🐾　定款に「本店及び支店の所在場所（住居表示番号又は地番）」の記載があるときは，当該書類は不要です。この場合は，「本店及び支店の所在場所決議書は，定款の記載を援用する。」と記載すれば足ります。

資本金の額の計上に関する設立時代表取締役の証明書　　　　　　　1通
委任状　　　　　　　　　　　　　　　　　　　　　　　　　　　　1通

🐾　委任状は，代理人に申請を委任した場合のみ必要です。

契印

【それ以外の添付書類の例】

・株主名簿管理人との契約を証する書面

 👉　株主名簿管理人を置いた場合に必要になります。この場合には併せて，株主名簿管理人を選定した発起人の過半数の一致のあったことを証する書面も必要です。

・検査役の調査報告書及びその附属書類

 👉　現物出資した場合に必要です（必要ない場合もある。）。

・弁護士等の証明書及びその附属書類

 👉　現物出資した場合に必要です。

・不動産を現物出資した場合には，不動産鑑定士の鑑定評価を記載した書面の添付も必要です。

・有価証券の市場価格を証する書面

 👉　市場価格のある有価証券を現物出資した場合に必要です。

・検査役の報告に関する裁判の謄本

 👉　検査役の報告に関する裁判があった場合に必要です。

上記のとおり登記の申請をします。

令和○年○月○日
    東京都○○区□□○丁目○番○号　（☞1）
    申請人　　　東京ＡＢＣ株式会社　（☞2）
    東京都○○区□□○丁目○番○号　（☞3）
    代表取締役　　　甲野一郎　　　印　（☞4）
    東京都○○区□□○丁目○番○号　（☞5）
    上記代理人　　　法務三郎　　　印　（☞6）
    連絡先の電話番号　03-○○○○-○○○○　（☞7）

○○法務局　　○○支局　　御中
    出張所

（3 1）本店の所在地を記載してください。

（3 2）商号を記載してください。

（3 3）設立時代表取締役の住所を記載してください。

（3 4）登記所に届けるべき代表取締役の印鑑（印鑑届書の印鑑）を押印してください。

（3 5）6）代理人が申請する場合にのみ記載し，代理人の住所を記載し，代理人の印鑑を押印してください。この場合，設立時代表取締役の押印は不要です。

（3 7）登記所から補正（訂正）箇所がある場合，登記所から連絡があるのでそれに備えて，連絡先の電話番号を記載してください。

収入印紙貼付台紙

（3　割印をしないで貼ってください。また，収入印紙の消印作業の都合上，右側に寄せて貼り付けてください。

収　入
印　紙

契
印

（3 ①　登記申請書（収入印紙貼付台紙を含む。）は，各ページに契印してください。

②　契印には，登記申請書に押印した印鑑と同一の印鑑を使用してください。

「登記すべき事項」の記載例（3 1）

（オンラインにより提供する場合，FD等に記録して提出する場合，用紙で提出する場合も，記載方法は同じ）

「商号」東京ＡＢＣ株式会社

「本店」東京都○○区□□○丁目○番○号

「公告をする方法」官報に掲載してする。(☞2)

「目的」(☞3)

1　家庭電化用品の製造及び販売

2　家具，什器類の製造及び販売

3　光学機械の販売

4　前各号に附帯又は関連する一切の事業

「発行可能株式総数」1000株

「発行済株式の総数」300株

「資本金の額」金300万円

「株式の譲渡制限に関する規定」(☞4)

当会社の株式を譲渡するには，取締役会の承認を受けなければならない。

ただし，当会社の株主に譲渡する場合は承認したものとみなす。

「役員に関する事項」

「資格」取締役

「氏名」甲野一郎

「役員に関する事項」

「資格」取締役

「氏名」乙野次郎

「役員に関する事項」

「資格」取締役

「氏名」丙野三郎

「役員に関する事項」

「資格」代表取締役

「住所」東京都○○区□□○丁目○番○号

「氏名」甲野一郎

「役員に関する事項」

「資格」監査役

「氏名」丁野四郎

「支店番号」1

「支店の所在地」東京都○○区□□○丁目○番○号

「取締役会設置会社に関する事項」

取締役会設置会社

「監査役設置会社に関する事項」

監査役設置会社

「取締役等の会社に対する責任の免除に関する規定」（☞5）

当会社は，会社法第426条第1項の規定により，取締役会の決議をもって，同法第423条第1項の取締役（取締役であった者を含む。）の責任を法令の限度内において免除することができる。

当会社は，会社法第426条第1項の規定により，取締役会の決議をもって，同法第423条第1項の監査役（監査役であった者を含む。）の責任を法令の限度内において免除することができる。

「登記記録に関する事項」設立

（☞1）① 登記すべき事項をオンラインによりあらかじめ提出する場合には，登記すべき事項の提出の際に作成した情報を利用して，申請書を簡単に作成することもできますし，手続の状況をオンラインで確認することもできます（詳細は，法務省ウェブサイト「登記・供託オンライン申請システムによる登記事項の提出について」〈http://www.moj.go.jp/MINJI/minji06_00051.html〉参照）。

② 登記事項を記録したCD-Rを提出する場合には，登記すべき事項は，「メモ帳」機能等を利用してテキスト形式で記録し，ファイル名は「（任意の名称）.txt」としてください（詳細は，法務省ウェブサイト「商業・法人登記申請における登記すべき事項を記録した電磁的記録媒体の提出について」〈http://www.moj.go.jp/MINJI/MINJI50/minji50.html〉参照）。

③ 用紙（ペーパー）による提出の場合は，「登記すべき事項」を，申請書に直接記載するか，又は任意の用紙（通常A4判）に記載し，申請書に合てつして申請書と契印（割り印）してください。

（☞2）「電子公告の方法により行う。」とする場合は，公告ホームページ（ウェブサイト）のアドレスも記載する必要があります（会社法911条3項28号イ，会社法施行規則220条）。アドレスの記載例は以下のとおりです。

http://www.dai-ichi-denki.co.jp/koukoku/index.html

（☞3）4）5）「目的」，「株式の譲渡制限に関する規定」，「取締役等の会社に対する責任の免除に関する規定」は，定款記載のまま記載します。

「設立時発行株式に関する発起人の同意書」（発起人が割当てを受けるべき株式
についての同意書）の記載例（☞1）

同　意　書

　本日発起人全員の同意をもって，会社が設立の際に発行する株式に関す
る事項を次のように定める。
1　発起人甲野一郎が割当てを受けるべき株式の数及び払い込むべき金額
　　東京ＡＢＣ株式会社　普通株式　　　　100株
　　株式と引換えに払い込む金額　　　　金100万円（☞2）
　　　なお，払い込むべき金額全額については，その代替として，発起人甲
　　野一郎の所有に係る○○製普通乗用自動車1台（車種○○，型式番号○
　　○○○，車体番号○○○○）及びパーソナルコンピュータ1台（○○株
　　式会社令和○年製，型番○○○○，製造番号○○○）とする。
1　発起人乙野次郎が割当てを受けるべき株式の数及び払い込むべき金額
　　東京ＡＢＣ株式会社　普通株式　　　　100株
　　株式と引換えに払い込む金額　　　　金100万円
1　発起人丙野三郎が割当てを受けるべき株式の数及び払い込むべき金額
　　東京ＡＢＣ株式会社　普通株式　　　　50株
　　株式と引換えに払い込む金額　　　　金50万円
1　発起人株式会社神田ＸＹＺが割当てを受けるべき株式の数及び払い込
　　むべき金額
　　東京ＡＢＣ株式会社　普通株式　　　　50株
　　株式と引換えに払い込む金額　　　　金50万円
　上記事項を証するため，発起人全員記名押印（又は署名）する。

　　　令和○年○月○日
　　　　東京ＡＢＣ株式会社
　　　　　　　　　　　東京都○○区□□○丁目○番○号
　　　　　　　　　　　　発起人　　　甲野一郎　㊞
　　　　　　　　　　　東京都○○区□□○丁目○番○号
　　　　　　　　　　　　発起人　　　乙野次郎　㊞
　　　　　　　　　　　東京都○○区□□○丁目○番○号
　　　　　　　　　　　　発起人　　　丙野三郎　㊞
　　　　　　　　　　　東京都○○区□□○丁目○番○号
　　　　　　　　　　　　発起人　　　株式会社神田ＸＹＺ
　　　　　　　　　　　　代表取締役　春野六郎　㊞

（注1）①　本同意書は，会社法32条1項1号・2号及び商業登記法47条3項に基づく書面です。

②　発起人の引受株式数及びその払い込むべき金額の記載が定款にあるときは，本同意書を申請書に添付する必要はありません。この場合，申請書には，「発起人の同意書は，定款の記載を援用する。」と記載すれば足ります。

（注2）①　全額金銭出資の場合には，「株式と引換えに払い込む金額　金100万円」と記載すればよく，なお書きは不要となります。

②　一部金銭出資の場合には，「株式と引換えに払い込む金額　金100万円。なお，払い込むべき金額のうち90万円については，発起人甲野一郎の所有に係る○○製普通乗用自動車1台（車種○○，型式番号○○○○，車体番号○○○○）及びパーソナルコンピュータ1台（○○株式会社令和○年製，型番○○○○，製造番号○○○○）とする。」と記載することになります。

「設立時募集株式についての同意書」の記載例

同　意　書

　本日発起人全員の同意をもって，会社が設立の際に発行する募集株式に関する事項を次のように定める。

1　設立時募集株式の数
　　普通株式80株

1　設立時募集株式の払込金額
　　金80万円

1　設立時募集株式と引換えにする金銭の払込みの期日又はその期間
　　令和○年○月○日（又は令和○年○月○日から令和○年○月○日まで）

上記事項を証するため，発起人全員記名押印（又は署名）する。

　　令和○年○月○日
　　　東京ＡＢＣ株式会社
　　　　　　　　　　　　東京都○○区□□○丁目○番○号
　　　　　　　　　　　　　　発起人　　　甲野一郎　㊞
　　　　　　　　　　　　東京都○○区□□○丁目○番○号
　　　　　　　　　　　　　　発起人　　　乙野次郎　㊞
　　　　　　　　　　　　東京都○○区□□○丁目○番○号
　　　　　　　　　　　　　　発起人　　　丙野三郎　㊞

　　　　　　東京都○○区□□○丁目○番○号
　　　　　　　　　発起人　　　株式会社神田ＸＹＺ
　　　　　　　　　代表取締役　春野六郎　㊞

✐本同意書は，発起人全員の同意により，募集設立の場合における設立募集株式に関する事項を定めるものです（会社法57条，58条，商業登記法47条3項）。

「資本金及び資本準備金を発起人全員の同意により定めた場合の同意書」の記載例 ✐

同　意　書

　本日発起人全員の同意をもって，資本金の額を次のように定める。
1　資本金の額　　　　金300万円
1　資本準備金の額　　金　0円
　上記事項を証するため，発起人全員記名押印（又は署名）する。

　　令和○年○月○日
　　　東京ＡＢＣ株式会社
　　　　　　東京都○○区□□○丁目○番○号
　　　　　　　　　発起人　　　甲野一郎　㊞
　　　　　　東京都○○区□□○丁目○番○号
　　　　　　　　　発起人　　　乙野次郎　㊞
　　　　　　東京都○○区□□○丁目○番○号
　　　　　　　　　発起人　　　丙野三郎　㊞
　　　　　　東京都○○区□□○丁目○番○号
　　　　　　　　　発起人　　　株式会社神田ＸＹＺ
　　　　　　　　　代表取締役　春野六郎　㊞

✐本同意書は，会社法32条1項3号及び商業登記法47条3項に基づく書面です。
　なお，資本金及び資本準備金について定款に定めがあるときは，申請書には，「発起人の同意書は，定款の記載を援用する。」と記載すれば足ります。

「**本店及び支店所在場所決議書**」の記載例（☝1）

本店及び支店所在場所決議書

　令和○年○月○日東京ＡＢＣ株式会社創立事務所において発起人全員出席し（又は議決権の過半数を有する発起人出席し），その全員の一致の決議により，本店及び支店所在場所を次のとおり決定した。

　　本店　　　　東京都○○区□□○丁目○番○号
　　支店　　　　東京都○○区□□○丁目○番○号（☝2）
　　上記決定事項を証するため，発起人の全員（又は出席した発起人）は，次のとおり記名押印（又は署名）する。

　　　　令和○年○月○日
　　　　　東京ＡＢＣ株式会社
　　　　　　　　　　　　　　東京都○○区□□○丁目○番○号
　　　　　　　　　　　　　　　　発起人　　　甲野一郎　　㊞
　　　　　　　　　　　　　　東京都○○区□□○丁目○番○号
　　　　　　　　　　　　　　　　発起人　　　乙野次郎　　㊞
　　　　　　　　　　　　　　東京都○○区□□○丁目○番○号
　　　　　　　　　　　　　　　　発起人　　　丙野三郎　　㊞
　　　　　　　　　　　　　　東京都○○区□□○丁目○番○号
　　　　　　　　　　　　　　　　発起人　　　株式会社神田ＸＹＺ
　　　　　　　　　　　　　　　　代表取締役　春野六郎　　㊞

☝1）①　本決議書は，会社法911条3項3号に基づく書面です。
　　　②　本店及び支店所在場所の記載が定款にあるときは，申請書には，「本店及び支店所在場所決議書は，定款の記載を援用する。」と記載すれば足ります。

☝2）支店も定めたときは，支店の所在場所についても同様に発起人の決議により決定することを要します。なお，「本店及び支店の所在場所」は登記事項です（会社法911条3項3号）。

　　　また，改正前会社法930条によれば，支店所在地においても，①商号，②本店の所在場所，③支店（その所在地を管轄する登記所の管轄区域内にあるものに限る。）の所在場所を登記する必要がありますが，令和元年改正の新会社法により，支店所在地における登記が廃止され，改正前会社法930条から932条までの規定が削除されました（当該改正（削除）規定は，公布の日（令和元年12月11日）から起算して3年6月を超えない範囲内において政令の定める日から施行される。）。

「株式申込証」（普通株式のみ発行する場合）の記載例 ☞

株式申込証

1　東京ＡＢＣ株式会社株式　　　　80株
　　（普通株式）　　　　　　　　　80株

　貴社の定款及び募集要項並びに本証の諸事項承認のうえ，株式を引き受けたく，ここに上記のとおり申込みいたします。

(1)　応募株が募集する株数を超過したときは，引受価額の高いものから順次募集し，同額の場合は，発起人が決定しても異議はないこと。

　令和○年○月○日

　　　　　　　　　　　東京都○○区□□○丁目○番○号
　　　　　　　　　　　　申　込　人　　　秋野五郎　㊞
　東京ＡＢＣ株式会社発起人　御中

☞本書面は，商業登記法47条2項2号に基づく書面です。

「創立総会議事録」の記載例（☞1）

創立総会議事録

　令和○年○月○日午前○時○分東京都○○区□□○丁目○番○号当会社創立事務所において創立総会を開催した。

設立時株主の総数	○○名
設立時発行株式の総数	○○株
議決権を行使することができる設立時株主の数	○○名
この議決権の総数	○○株
出席した設立時株主	○○名
この議決権の総数	○○株
出席発起人	甲　野　一　郎（議長）
	乙　野　次　郎（議事録作成者）
	丙　野　三　郎
出席設立時取締役	甲　野　一　郎
	乙　野　次　郎
	丙　野　三　郎

設立時監査役　　　　　　　　丁　野　四　郎
　上記のとおり設立時株主が出席し，創立総会は適法に成立したので，発起人甲野一郎は，創立総会を開催する旨を宣し，議事進行上議長の選任を諮ったところ，満場一致で発起人甲野一郎を議長に選任した。
　議長は，就任の挨拶をした後，議長席につき，議事を進行した。
　第1号議案　創立事項の報告の件
　発起人総代乙野次郎は，発起人を代表して，当会社の設立経過を説明した後，創立に関する事項を詳細に報告したところ，全員異議なくこれを承認した。
　第2号議案　定款承認の件
　議長は，定款を朗読しその承認を諮ったところ，全員異議なく原案どおり可決した。
　第3号議案　設立時取締役及び設立時監査役の選任の件（注2）
　議長は，設立時取締役及び設立時監査役を選任したい旨を述べ，その方法を諮ったところ，株主の大部分から議長に一任したいと発言があり，一同これを承認したので，議長は下記の者を設立時取締役及び設立時監査役に指名し，その賛否を問うたところ，満場一致をもってこれを承認可決した。
　　　　設立時取締役
　　　　　東京都○○区□□○丁目○番○号　　　甲　野　一　郎
　　　　　東京都○○区□□○丁目○番○号　　　乙　野　次　郎
　　　　　東京都○○区□□○丁目○番○号　　　丙　野　三　郎
　　　　設立時監査役
　　　　　東京都○○区□□○丁目○番○号　　　丁　野　四　郎
　なお，被選任者は，いずれもその就任を承諾した（注3）。
　第4号議案　会社法93条の所定の調査報告の件（注4）
　議長は，会社法93条の所定の調査報告をさせるため，設立時取締役及び設立時監査役に対し調査報告を求めたところ，設立時取締役甲野一郎は，設立時取締役及び設立時監査役を代表して，別紙報告書のとおり，これに関する詳細な報告をなし，一同これを承認可決した。

　以上をもって本総会の議案全部を終了したので，議長は閉会の挨拶を述べ，午前○時○分散会した。
　上記の議事の経過の要領及びその結果を証するため，ここに議事録を作成し，議長及び出席した設立時取締役が次に記名押印する。

　　令和○年○月○日
　　　　　東京ＡＢＣ株式会社創立総会において

議長兼設立時取締役　　甲野一郎　㊞

設立時取締役　　乙野次郎　㊞

設立時取締役　　丙野三郎　㊞

設立時監査役　　丁野四郎　㊞

1）本議事録は，会社法81条及び商業登記法47条2項9号に基づく書面です。

　なお，議事録が複数ページになる場合には，各ページのつづり目に契印してください。契印は議事録の記名押印者のうち1名の印鑑で構いません。

2）原始定款で設立時取締役及び設立時監査役を定めたときは，これらの選任の決議は不要です。

3）創立総会の席上で被選任者が就任を承諾し，その旨の記載及び被選任者の住所の記載がある場合には，申請書に別途就任承諾書を添付することを要しません。この場合，「設立時取締役及び設立時監査役の就任承諾書は，創立総会議事録の記載を援用する。」と記載してください。

　なお，就任承諾書の添付を省略する場合においても，取締役会設置会社においては，設立時取締役及び設立時監査役につき，住民票記載事項証明書等の本人確認証明書の添付が必要です。

4）定款に現物出資の定めがない場合でも，払込みが完了している旨，設立の手続又は定款に違反していないことの調査及び報告は必要です。

「設立時代表取締役を選定したことを証する書面」の記載例

設立時代表取締役選定決議書

　令和○年○月○日東京ＡＢＣ株式会社創立事務所において設立時取締役全員出席し（又は過半数の設立時取締役出席し），その全員の一致の決議により，次のとおり，設立時代表取締役を選任した。なお，被選定者は即時その就任を承諾した。

　　設立時代表取締役　東京都○○区□□○丁目○番○号　甲野一郎

　上記設立時代表取締役の選定を証するため，設立時取締役の全員（又は出席した設立時取締役）は，次のとおり記名押印する。

　　令和○年○月○日
　　東京ＡＢＣ株式会社

出席設立時取締役	甲野一郎	㊞
出席設立時取締役	乙野次郎	㊞
出席設立時取締役	丙野三郎	㊞

♂①　本書面は，会社法47条1項・3項（募集設立関係）及び商業登記法47条2項7号に基づく書面です。

②　定款に「設立時代表取締役の選定」の記載があるときは，申請書には，「設立時代表取締役を選定したことを証する書面は，定款の記載を援用する。」と記載すれば足ります。

　なお，定款に上記記載がないときは，取締役会設置会社（指名委員会等設置会社を除く。）では，上記記載例のように設立時取締役の中から，設立時取締役の過半数をもって設立時代表取締役を選定することになります（会社法47条1項・3項）。

③　設立時代表取締役が席上で就任を承諾し，その旨の記載が決議書にある場合には，申請書に別途就任承諾書を添付することを要しません。ただし，設立時代表取締役が，本決議書に，市町村長の作成した印鑑証明書と同一の印鑑を押した場合に限ります。

　この場合，申請書には，「就任承諾書は，設立時代表取締役選定決議書の記載を援用する。」と記載してください。

　なお，就任承諾書の添付を省略する場合においても，取締役会設置会社においては，設立時代表取締役につき，市町村長が作成した印鑑証明書の添付が必要です。

「調査報告書」の記載例（♂1）
（会社法第28条各号に規定する変態設立事項がある場合に添付を要する。）

調 査 報 告 書

　令和○年○月○日東京ＡＢＣ株式会社（設立中）の設立時取締役及び設立時監査役に選任されたので，会社法第46条の規定に基づいて調査した。その結果は次のとおりである。

調査事項

1　定款に記載された現物出資財産の価額に関する事項（会社法第33条第10項第1号に該当する事項）

　定款に定めた，現物出資をする者は発起人甲野一郎であり，出資の目

的たる財産，その価額並びにこれに対し割り当てる設立時発行株式の数
は下記のとおりである。

記

(1)　○○製普通乗用自動車　車種○○　型式番号○○○○

　車体番号○○○○　1台

　　定款に記載された価額　金80万円

　　これに対し割り当てる設立時発行株式の数　80株（注2）

(2)　パーソナルコンピュータ（○○株式会社令和○年製，型番○○○○，
製造番号○○○○）　1台

　　定款に記載された価額　金20万円

　　これに対し割り当てる設立時発行株式の数　20株（注2）

①　上記(1)については，時価金約100万円と見積もられるべきところ，
定款に記載した評価価額は，その約5分の4の金80万円であり，これ
に対し，割り当てる設立時発行株式の数は80株であることから，当該
定款の定めは正当なものと認める。

②　上記(2)につき，時価25万円と見積もられるべきところ，定款に記載
した評価価額は，その5分の4の金20万円であり，これに対し，割り
当てる設立時発行株式の数は20株であることから，当該定款の定めは
正当なものと認める。

2　発起人甲野一郎の引受けに係る100株について，令和○年○月○日現
物出資の目的たる財産の給付があったことは，別紙財産引継書により認
める。

3　令和○年○月○日までに払込みが完了していることは，株式会社○○
銀行の払込金保管証明書により認める。

4　上記事項以外の設立に関する手続が法令又は定款に違反していないこ
とを認める。

　上記のとおり会社法の規定に従い報告する。

　令和○年○月○日

　　東京ＡＢＣ株式会社

　　　　　　　　　　　　設立時取締役　　　甲野一郎　㊞

　　　　　　　　　　　　同　　　　　　　　乙野次郎　㊞

　　　　　　　　　　　　同　　　　　　　　丙野三郎　㊞

　　　　　　　　　　　　設立時監査役　　　丁野四郎　㊞

（注1）①　本調査報告書及び後掲の財産引継書は，会社法28条1号，33条10

　　　　項1号，93条1項及び商業登記法47条2項3号イに基づく書面です。
　　② 　会社法28条各号に規定する変態設立事項を定款に記載した場合に
　　　　調査報告書及びその付属書類の添付を要します（商業登記法47条2
　　　　項3号イ）。
　　③ 　報告書が複数ページになる場合には，各ページのつづり目に契印
　　　　してください。契印は，記名押印した者のうち1名の印鑑で構いま
　　　　せん。
　2）本調査報告書中の(1)及び(2)は，定款に記載された現物出資及び財産引
　　　受けに係る財産の総額が500万円以下の場合の記載例です（500万円以下
　　　の場合は検査役の検査が不要です（会社法33条10項1号）。）。

「財産引継書」の記載例

（会社法第28条各号に規定する変態設立事項がある場合に，調査報告書とともに添付
を要する。）

財 産 引 継 書

　私所有の下記財産を現物出資として貴社に給付します。

記

1　○○製普通乗用自動車　車種○○　型式番号○○○○
　　車体番号○○○○　1台
　　時価　　　　　　　　金100万円
　　定款に記載された価額　金80万円
2　パーソナルコンピュータ（○○株式会社令和○年製，型番○○○○，
　　製造番号○○○○）1台
　　時価　金25万円
　　定款に記載された価額　金20万円

　　令和○年○月○日

　　　　　　　　発起人　東京都○○区□□○丁目○番○号
　　　　　　　　　　　　甲野一郎　㊞

　東京ABC株式会社　御中

　1） 　財産引継書は，財産の所有権が個人（発起人）から株式会社に移転し
　　　たことを証明するものです。したがって，発起人が一人の場合でも，現

物出資をしたときは会社宛の財産引継書が必要となります。

　　なお，本財産引継書の財産の表示には，定款及び調査報告書に記載された現物出資に係る財産を記載します。

②　財産引継書は2通作成し，1通は登記申請書に添付し，他の1通は会社で保管します。

　　なお，自動車，不動産及び株式等を現物出資する場合には，名義変更が必要となります（例えば，自動車の場合は会社への移転登録，不動産の場合は会社への所有権移転登記，株式の場合は会社への名義書換）。これらの名義変更は，会社の設立登記が完了してから行うことになります。

「資本金の額の計上に関する設立時代表取締役の証明書」の記載例

資本金の額の計上に関する証明書（※1）

①払込みを受けた金額（会社計算規則第43条第1項第1号）

金200万円

②給付を受けた金銭以外の財産の給付があった日における当該財産の価額（会社計算規則第43条第1項第2号）（※2）

金100万円

③　①+②　　　　　　　　　　　　　　　　　金300万円

　資本金の額300万円は，会社法第445条及び会社計算規則第43条の規定に従ってされたことに相違ないことを証明する。（※3）

　　令和○年○月○日
　　　　東京ABC株式会社
　　　　　　設立時代表取締役　　　甲野一郎　　㊞（※4）

（※1）設立に際して出資される財産が金銭のみの場合は，資本金の額の計上に関する証明書の添付は不要です。

（※2）出資をした者における帳簿価額を計上すべき場合（会社計算規則第43条1項2号イ，ロ）には，帳簿価額を記載します。

（※3）株主となる者が払込み又は給付をした財産の額（③の額）の2分の1を超えない額を資本金として計上しないこととした場合は，その旨を上記証明書に記載するとともに，定款に定めがあるときを除き，その額を決定したことを証する発起人の全員の一致があったことを証する書面の添付が必要です。

（注4）会社を代表すべき者が設立の登記の際に登記所に届け出る印（印鑑届書の印）を押します。

「設立時取締役，設立時代表取締役及び設立時監査役の就任承諾書」の記載例

就 任 承 諾 書

　私は，令和○年○月○日，貴社の設立時取締役及び設立時代表取締役に選任されたので，その就任を承諾します。

　　　令和○年○月○日

　　　　　　　　　　　東京都○○区□□○丁目○番○号
　　　　　　　　　　　　　　甲野一郎　㊞

　　　東京ＡＢＣ株式会社　御中

就 任 承 諾 書

　私は，令和○年○月○日，貴社の設立時取締役に選任されたので，その就任を承諾します。

　　　令和○年○月○日

　　　　　　　　　　　東京都○○区□□○丁目○番○号
　　　　　　　　　　　　　　乙野次郎　㊞

　　　東京ＡＢＣ株式会社　御中

就 任 承 諾 書

　私は，令和○年○月○日，貴社の設立時取締役に選任されたので，その就任を承諾します。

　　　令和○年○月○日

　　　　　　　　　　　東京都○○区□□○丁目○番○号

丙野三郎　㊞

　東京ＡＢＣ株式会社　御中

就 任 承 諾 書

　私は，令和○年○月○日，貴社の設立時監査役に選任されたので，その就任を承諾します。

　　　令和○年○月○日

　　　　　　　　　　東京都○○区□□○丁目○番○号
丁野四郎　㊞

　東京ＡＢＣ株式会社　御中

---

❸① これらの就任承諾書は，商業登記法47条2項10号に基づく書面です。
　② 取締役会設置会社の場合，設立時取締役及び設立時監査役の就任承諾書に押す印鑑は，認印でもよいですが，設立時代表取締役の就任承諾書には，市町村に登録した印鑑を押す必要があります。
　③ 設立時代表取締役については市町村長が作成した印鑑証明書，設立時取締役及び設立時監査役については住民票記載事項証明書等の本人確認証明書をそれぞれ添付することが必要です。

「委任状」の記載例

委 任 状

東京都○○区□□○丁目○番○号
法 務 三 郎

　私は，上記の者を代理人に定め，次の権限を委任する。

1　令和○年○月○日募集設立の手続終了した当会社設立登記を申請する一切の件
1　原本還付の請求及び受領の件（❸1）

　　　令和○年○月○日

東京都○○区□□○丁目○番○号
東京ＡＢＣ株式会社
代表取締役　　　甲野一郎　㊞（注2）

（注1）原本還付を請求する場合に記載します。
（注2）代表取締役が登記所に提出する印鑑（印鑑届書の印鑑）を押印してください。

新商業登記法による印鑑提出の義務付けの廃止

　新商業登記法により，改正前商業登記法20条の規定が削除され，印鑑提出（届出）の義務付けが廃止され，印鑑又は商業登記電子証明書のいずれかを届け出る選択制になります。

　　改正前商業登記法20条１項は，登記の申請書に押印すべき者は，あらかじめ印鑑を登記所に提出しなければならないことを規定しているため，改正前商業登記法の下においては，会社設立登記の申請者は，会社代表者の印鑑を印鑑届に押印して登記所に提出する必要がありました。

　　しかし，新商業登記法により，改正前商業登記法20条の規定が削除されて印鑑提出（届出）の義務付けが廃止され，印鑑届を任意とする選択制へと見直しが図られました（新商業登記法12条１項，12条の２）。具体的には申請人の判断によって，印鑑又は商業登記電子証明書のいずれかを届け出ることを選択することができるようになりました。

　　したがって，印鑑を登記所に提出しない場合は，商業登記電子証明書を利用することによって，会社代表者の本人性の確認を行い，登記申請等を行うこととなります。

　　なお，当該印鑑の提出を義務付ける規定（改正前商業登記法20条）を削除する改正は，令和３年２月15日から施行されています（なお，新商業登記法の基本部分の施行日は，令和３年３月１日である。）。

会社設立後の諸手続の概要

 会社設立後の諸手続の概要

会社設立後において，税務署等の税務関係機関，年金事務所及び労働基準監督署等にどのような書類を提出したらよいかの概要を説明してください。

A (1) 税務署には，法人税等の納付の関係上，「法人設立届出書」，「給与支払事務所等の開設届出書」及び「青色申告の承認申請書」等を提出し，また，都道府県と市区町村には，地方税である「法人住民税」等の納付の関係上，「法人設立届出書」を提出することになります。

(2) 年金事務所には，厚生年金保険及び健康保険関係の「健康保険・厚生年金保険　新規適用届」等を提出することになります。

(3) 労働基準監督署には，労災保険関係の「保険関係成立届」等を提出し，また，公共職業安定所には，雇用保険関係の「雇用保険適用事業所設置届」等を提出することになります。

【税務署等への届出書類】

税務署	① 法人設立届出書 ② 給与支払事務所等の開設届出書 ③ 青色申告の承認申請書等
都道府県税事務所 市区町村	法人設立届出書
年金事務所	① 健康保険・厚生年金保険　新規適用届 ② 健康保険厚生年金保険　被保険者資格取得届等
労働基準監督署	① 保険関係成立届 ② 労働保険概算保険料申告書等
公共職業安定所	① 雇用保険適用事業所設置届 ② 雇用保険被保険者資格取得届

━━━━━━━━━━━━━ 解 説 ━━━━━━━━━━━━━

1 会社設立後の諸手続

設立登記手続が完了した後，①税務署等の税務関係機関，②年金事務所，③労働基準監督署，公共職業安定所へそれぞれ必要な書類の届出をしなければなりません。

以下，その概要を説明します。

2 税務関係機関への届出書類

(1) 税務署への届出書類

会社を設立し営業活動を開始しますと，国には法人税等を納付する必要があります。そのため，税務署には各種の届出書等を提出する必要がありますが，主な届出書類の内容は，以下の表のとおりです（届出書類の用紙は税務署で交付を受けられる。）。なお，税務関係については，専門家である税理士等に相談してください。

	書　類	提出期限
①	法人設立届出書（定款等の写しを添付）	設立後2か月以内
②	給与支払事務所等の開設届出書	従業員を雇用することになってから1か月以内
③	青色申告の承認申請書	設立後3か月を経過した日と事業年度終了の日とのうちいずれか早い日の前日
④	減価償却資産の償却方法の届出書	最初の確定申告書提出期限まで
⑤	たな卸資産の評価方法の届出書	最初の確定申告書提出期限まで
⑥	源泉所得税の納期の特例の承認に関する申請書	速やかに。提出した月の翌月分から適用。

(2) 都道府県税事務所及び市区町村への届出書類

都道府県と市区町村には，地方税である「法人住民税」と「法人事業税」を納付することになることから，都道府県税事務所及び市区町村役場

の双方にそれぞれ法人設立届出書（添付書類：定款の写し及び登記簿謄本（履歴事項全部証明書））を提出することを要します。

　提出期限は，自治体によって異なりますが，会社設立の日から1か月以内が多いようです（都税事務所の場合は15日以内）。この点は事前に確認してください。

3　年金事務所への届出書類

　株式会社は，厚生年金保険及び健康保険の加入が義務付けられています。代表取締役が一人だけの会社でも加入しなければなりませんし，また，その家族を従業員として雇っている場合でも，その家族に報酬が支払われている限り，その家族も加入対象となります。

　そこで，会社は，年金事務所に対して，主に以下の書類を提出することになります。

	書　類	提出期限
①	健康保険・厚生年金保険　新規適用届	会社設立後5日以内
②	健康保険厚生年金保険　被保険者資格取得届	被保険者の資格を取得した日から5日以内
③	健康保険被扶養者（異動）届及び国民年金第3号被保険者関係届（扶養家族がある場合）	事実発生から5日以内

4　労働基準監督署及び公共職業安定所への届出書類

　労働保険とは，「労災保険（労働者災害補償保険）」と「雇用保険」との総称です。「労災保険」は，労働者が業務上の事由又は通勤によって負傷し又は病気になったり，死亡した場合に被災労働者や遺族に給付される保険のことです。「雇用保険」とは，労働者が失業した場合や労働者について雇用の継続が困難となる事由が生じた場合に給付される保険のことです。

　労働者を1人でも雇った会社は，労働保険の適用事業となり，労働保険料を納付することを要します。

(1) 労働基準監督署への届出書類

　労働基準監督署には，主に，以下の労災保険関係の書類を提出することになります。

	書　類	提出期限
①	保険関係成立届	従業員を雇用した日の翌日から10日以内
②	労働保険概算保険料申告書	保険関係が成立した日から50日以内

(2) 公共職業安定所への届出書類

　公共職業安定所には，主に，以下の雇用保険関係の書類を提出することになります。

	書　類	提出期限
①	雇用保険適用事業所設置届	従業員を雇用する事業を開始した日の翌日から10日以内
②	雇用保険被保険者資格取得届	従業員を雇用した日の属する月の翌月の10日以内

巻 末 資 料

公証人の認証を受けた定款例

（第1葉）

定　款

〇〇〇〇株式会社

令和〇年〇月〇日　作成

令和　年　月　日　公証人認証

令和　年　月　日　会社設立

（第2葉）

定　款

第1章　総　則

（商号）
第1条　当会社は，○○○○株式会社と称する。

（目的）
第2条　当会社は，次の事業を営むことを目的とする。
1　コンピュータシステムのソフトウェア及びハードウェアの企画，設計，開発，販売，保守，賃貸
2　ホームページの企画，設計，開発，販売，保守，賃貸
3　コンピュータシステムに関するコンサルティング
4　情報通信システムに係る機器及びその周辺装置の企画，設計，開発，販売，保守，賃貸
5　情報処理サービス業及び情報提供サービス業
6　情報通信ネットワークに関するシステムの企画，開発，販売，保守，賃貸
7　ソフトウェアパッケージの販売，保守，賃貸
8　前各号に附帯する一切の事業

（本店の所在地）
第3条　当会社は，本店を○○県○○市に置く。

（公告の方法）
第4条　当会社の公告は，官報に掲載してする。

第2章　株　式

（発行可能株式総数）
第5条　当会社の発行可能株式総数は，~~200~~ 1000株とする。

（株券の不発行）
第6条　当会社の発行する株式については，株券を発行しない。

（第3葉）

（株式の譲渡制限）
第7条　当会社の発行する株式の譲渡による取得については，代表取締役の承認を受けなければならない。ただし，当会社の株主に譲渡する場合は承認があったものとみなす。
2　代表取締役が譲渡を承認しない場合には，代表取締役が指定買取人を指定することができる。

（相続人等に対する売渡請求）
第8条　当会社は，相続，合併その他の一般承継により当会社の譲渡制限の付された株式を取得した者に対し，当該株式を当会社に売り渡すことを請求することができる。

（株主名簿記載事項の記載の請求）
第9条　当会社の株式の取得者が株主の氏名等株主名簿記載事項を株主名簿に記載又は記録することを請求するには，当会社所定の書式による請求書にその取得した株式の株主として株主名簿に記載若しくは記録された者又はその相続人その他の一般承継人と株式の取得者が署名又は記名押印し，共同して提出しなければならない。ただし，会社法施行規則第22条第1項各号で定める場合は，株式取得者が単独で上記請求をすることができる。

（質権の登録及び信託財産表示請求）
第10条　当会社の発行する株式につき質権の登録，変更若しくは抹消，又は信託財産の表示若しくは抹消を請求するには，当会社所定の書式による請求書に当事者が署名又は記名押印しなければならない。

（手数料）
第11条　当会社の株式の株主名簿記載事項の記載の請求，質権の登録又は信託財産表示請求をする場合には，当会社所定の手数料を支払わなければならない。

（株主の住所等の届出）
第12条　当会社の株主及び登録質権者又はその法定代理人若しくは代表者は，当会社の所定の書式により，その氏名・住所及び印鑑を当会社に届け出でなければならない。届出事項に変更を生じたときも，その事項につき，同様である。

（第4葉）

（株式の割当てを受ける権利等の決定）
第13条　当会社は，当会社の株式（自己株式の処分による株式を含
　　む。）及び新株予約権を引き受ける者の募集において，株主に株式
　　又は新株予約権の割当てを受ける権利を与える場合には，その募集
　　事項，株主に当該株式又は新株予約権の割当てを受ける権利を与え
　　る旨及びその申込みの期日は，取締役の決定によって定める。

（基準日）
第14条　当会社は，毎年7月31日の最終の株主名簿に記載又は記録さ
　　れた議決権を有する株主をもって，その事業年度に関する定時株主
　　総会において権利を行使することができる株主とする。
2　第1項のほか，必要があるときは，取締役の過半数の決定により，
　　あらかじめ公告して，一定の日の最終の株主名簿に記載又は記録さ
　　れている株主又は登録株式質権者をもって，その権利を行使するこ
　　とができる株主又は登録株式質権者とする。

第3章　株主総会

（招集時期）
第15条　当会社の定時株主総会は，毎/事業年度の終了後3か月以内に招
　　集し，臨時株主総会は，必要がある場合に招集する。

（招集権者）
第16条　株主総会は，法令に別段の定めがある場合を除き，取締役社
　　長が招集する。ただし，取締役社長に事故があるときは，あらかじめ
　　取締役の過半数をもって定めた順序により，他の取締役が招集する。

（招集通知）
第17条　株主総会の招集通知は，当該株主総会で議決権を行使するこ
　　とができる株主に対し，会日の3日前までに発する。ただし，書面
　　投票又は電子投票を認める場合は，会日の2週間前までに発するも
　　のとする。
2　前項の規定にかかわらず，株主総会は，その総会において議決権
　　を行使することができる株主の全員の同意があるときは，書面投
　　票・電子投票を認める場合を除き，招集の手続を経ることなく開催
　　することができる。

（第5葉）

（株主総会の議長）
第18条　株主総会の議長は，取締役社長がこれに当たる。
2　取締役社長に事故があるときは，当該株主総会で議長を選出する。

（株主総会の決議）
第19条　株主総会の決議は，法令又は定款に別段の定めがある場合を
　　除き，出席した議決権を行使することができる株主の議決権の過半
　　数をもって行う。
2　会社法第309条第2項の定めによる決議は，定款に別段の定めが
　　ある場合を除き，議決権を行使することができる株主の議決権の3
　　分の1以上を有する株主が出席し，その議決権の3分の2以上を
　　もって行う。

（決議の省略）
第20条　取締役又は株主が株主総会の目的である事項について提案を
　　した場合において，当該提案について議決権を行使することができ
　　る株主の全員が提案内容に書面又は電磁的記録によって同意の意思
　　表示をしたときは，当該提案を可決する旨の株主総会の決議があっ
　　たものとみなす。

（議決権の代理行使）
第21条　株主は，代理人によって議決権を行使することができる。こ
　　の場合には，総会ごとに代理権を証する書面を提出しなければなら
　　ない。
2　前項の代理人は，当会社の議決権を有する株主に限るものとし，
　　かつ，2人以上の代理人を選任することはできない。

（議事録）
第22条　株主総会の議事については，開催日時，場所，出席した役員
　　並びに議事の経過の要領及びその結果，その他法務省令で定める事
　　項を記載又は記録した議事録を作成し，議長及び出席した取締役が
　　これに署名押印若しくは記名押印又は電子署名をし，10年間本店に
　　備え置く。

（第6葉）

第4章　取締役及び代表取締役

（取締役の員数）
第23条　当会社の取締役は，3名以内とする。

（取締役の資格）
第24条　取締役は，当会社の株主の中から選任する。ただし，必要が
　あるときは株主以外の者から選任することを妨げない。

（取締役の選任）
第25条　取締役は，株主総会において，議決権を行使することができ
　る株主の議決権の3分の1以上を有する株主が出席し，その議決権
　の過半数の決議によって選任する。
2　取締役の選任については，累積投票によらない。

（取締役の任期）
第26条　取締役の任期は，選任後10年以内に終了する事業年度のうち
　最終のものに関する定時株主総会の終結時までとする。
2　任期満了前に退任した取締役の補欠として，又は増員により選任
　された取締役の任期は，他の在任取締役の任期の残存期間と同一と
　する。

（代表取締役及び社長）
第27条　取締役を複数置く場合には，代表取締役1名を置き，取締役
　の互選により定める。
2　代表取締役は，社長とし，会社を代表し，会社の業務を執行する。

（取締役の報酬及び退職慰労金）
第28条　取締役の報酬及び退職慰労金は，株主総会の決議によって定
　める。

（第7葉）

第5章　計　算

（事業年度）
第29条　当会社の事業年度は，毎年8月1日から翌年7月31日までの年1期とする。

（剰余金の配当）
第30条　剰余金の配当は，毎事業年度末日現在の株主名簿に記載又は記録された株主又は登録株式質権者に対して行う。

（剰余金の配当の除斥期間）
第31条　剰余金の配当が，その支払の提供の日から3年を経過しても受領されないときは，当会社は，その支払義務を免れるものとする。

第6章　附　則

（設立に際して発行する株式）
第32条　当会社の設立に際して発行する株式の数は200株とし，その発行価額は1株につき金1万円とする。

（設立に際して出資される財産の価額又はその最低額及び資本金）
第33条　当会社の設立に際して出資される財産の価額は金200万円とする。
2　当会社の設立時資本金は金200万円とする。

（最初の事業年度）
第34条　当会社の最初の事業年度は，当会社成立の日から令和○年7月31日までとする。

（設立時取締役及び設立時代表取締役）
第35条　当会社の設立時取締役及び設立時代表取締役は，次のとおりである。
　　　　設立時取締役　　　　甲野一郎
　　　　設立時代表取締役　　甲野一郎

（第8葉）

（発起人の氏名，住所及び引受株）
第36条　発起人の氏名，住所及び設立に際して割当てを受ける株式の
　　数並びに株式と引換えに払い込む金銭の額は，次のとおりである。
　　　○○県○○市○○123番地4　　200株，200万円
　　　　　　　　　　　　発起人　甲野一郎

（法令の準拠）
第37条　この定款に規定のない事項は，すべて会社法その他の法令に
　　従う。

　　以上，○○○○株式会社設立のためこの定款を作成し，発起人が次
　に記名押印する。
　　　令和○年○月○日

　　　　　　　　　　　　　発起人　甲野一郎　　（甲野）

　　　　　　　　　　（甲野）

　　　　　　　　　第2葉24行3字削除4字加入
　　　　　　　　　第4葉17行1字加入

（第9葉）

①	令和○年（戊）第　○○　　号
②	嘱託人は，本職に対し，設立される法人の実質的支配者
③	となるべき者が甲野一郎である旨及び同人が暴力団員等
④	でない旨申告した。
⑤	この定款の署名者甲野一郎は，本職の面前で，自己の記
⑥	名押印を自認する旨を陳述した。
⑦	この定款は第2葉24行3字削除4字加入，第4葉17行1
⑧	字加入してある。
⑨	
⑩	よってこれを認証する。
⑪	令和○年○月○日本職役場において
⑫	○○県○○市○1丁目1番地
⑬	○○公証人合同役場…
⑭	○○地方法務局所属
⑮	公証人　　○　　○　　○　　○　　　印
⑯	この謄本は上記認証の上本職役場において作成した。
⑰	○○県○○市○1丁目1番地
⑱	○○公証人合同役場…
⑲	○○地方法務局所属
⑳	公証人　　○　　○　　○　　○　　　印

○　○　公　証　人　役　場

事　項　索　引

著　者　略　歴

安達　敏男（あだち　としお）

　東京アライズ法律事務所パートナー弁護士。昭和51年検事任官の後，各地の検察庁検事のほか，司法研修所教官，札幌法務局訟務部長，福岡法務局長，名古屋法務局長等を歴任し，最高検察庁検事を最後に退官。新潟公証人合同役場公証人を経て，平成20年弁護士登録（東京弁護士会）。平成22年税理士登録，平成23年4月から平成30年3月まで足立区公益監察員，平成31年4月から東証上場会社の社外役員等。

主著・論稿：

『企業法務はここを押さえる！令和元年会社法改正ガイドブック（共著）』『3訂　終活にまつわる法律相談　遺言・相続・相続税（共著）』『国家賠償法実務ハンドブック（共著）』『相続実務が変わる！相続法改正ガイドブック（共著）』『第2版　一人でつくれる契約書・内容証明郵便の文例集（共著）』『Q&A　借地借家の法律と実務　第3版（監修）』『実務への影響まるわかり！徹底解説民法改正〈債権関係〉（共著）』『Q&A　現代型労働紛争の法律と実務（共著）』『わかりやすい中小企業経営者の事業承継　活用しよう株式・遺言・相続税』（いずれも日本加除出版），「直接国税ほ脱事件の総合的検討㈠㈡」司法研修所論集1994巻1号280頁・2号144頁など

吉川　樹士（きっかわ　たつひと）

　東京アライズ法律事務所パートナー弁護士。東京弁護士会所属（東京弁護士会倒産法部会会員），中央大学法科大学院法務研究科卒。

　社会福祉施設や一般企業の企業法務のほか，遺産分割等の相続関係訴訟，交通事故訴訟，一般事件の訴訟等を手掛けている。

主著・論稿：

『企業法務はここを押さえる！令和元年会社法改正ガイドブック（共著）』『3訂　終活にまつわる法律相談　遺言・相続・相続税（共著）』『国家賠償法実務ハンドブック（共著）』『相続実務が変わる！相続法改正ガイドブック（共著）』

『第2版　一人でつくれる契約書・内容証明郵便の文例集（共著）』『実務への影響まるわかり！徹底解説　民法改正〈債権関係〉（共著）』（いずれも日本加除出版），「相続人が存在しない場合における被相続人の財産は，どのように処理されるか？」戸籍時報702号87頁「普通養子縁組と特別養子縁組について──妹を養子にできるか？配偶者の連れ子を特別養子とできるか？」戸籍時報699号78頁など

安重　洋介（あんじゅう　ようすけ）

　神栖法律事務所代表弁護士。茨城県弁護士会所属，中央大学法科大学院法務研究科卒。神栖市教育委員，茨城県スクールロイヤー，神栖市高齢者障がい者虐待防止ネットワーク委員，福祉後見サポートセンターかみす運営委員。

　医療機関・保険会社の企業法務のほか，市町村の代理人として国家賠償請求訴訟なども手掛けている。

主著：

『国家賠償法実務ハンドブック（共著）』『相続実務が変わる！相続法改正ガイドブック（共著）』『実務への影響まるわかり！徹底解説　民法改正〈債権関係〉（共著）』（いずれも日本加除出版）

吉川　康代（きっかわ　やすよ）

　東京アライズ社会保険労務士事務所社会保険労務士（元行政書士）。東京都新宿区内のことぶき法律事務所で12年間法律事務員として勤務。同事務所在籍中に行政書士試験に合格。同事務所で6年間行政書士（専門分野：相続相談・相続調査業務，株式会社の定款作成業務，建設業・宅建業の許可申請業務等）として活動後，同事務所在籍中に社会保険労務士試験に合格。その後都内社労士事務所で実務経験を経て，平成31年3月東京アライズ法律事務所入所。令和元年9月登録（東京都社会保険労務士会），同事務所内で社会保険労務士事務所を独立開業。立教大学卒。

主著：

『3訂　終活にまつわる法律相談　遺言・相続・相続税（共著）』（日本加除出版）

第2版 一人でできる
定款作成から会社設立登記まで

2007年2月8日　初版発行
2021年2月24日　第2版発行

著　者　安達敏男
　　　　吉川樹士
　　　　安重洋介
　　　　吉川康代

発行者　和　田　　裕

発行所　日本加除出版株式会社

本　　　社　郵便番号 171-8516
　　　　　　東京都豊島区南長崎3丁目16番6号
　　　　　　T E L　(03)3953-5757（代表）
　　　　　　　　　　(03)3952-5759（編集）
　　　　　　F A X　(03)3953-5772
　　　　　　U R L　www.kajo.co.jp
営　業　部　郵便番号 171-8516
　　　　　　東京都豊島区南長崎3丁目16番6号
　　　　　　T E L　(03)3953-5642
　　　　　　F A X　(03)3953-2061

組版 ㈱郁文 ／ 印刷 ㈱精興社 ／ 製本 牧製本印刷㈱